毎日すっきり暮らすための

わたしの家事時間

Small Rules to Enjoy Everyday Housework

みしぇる

X-Knowledge

今までのモヤモヤ家事は
すべて手放してみる

毎日きちんと
ごはんを
作らなければ
ならない

家は いつも
ピカピカで
あるべき

いつも
子どもを
優先するべき

時間がないけど
がんばらなきゃ

家事は
どうしても
苦手

掃除が
キライ

いつも
忙しい……

片づけ
られない

食事は
一汁三菜で
あるべき

スーパーの
買い物は
面倒くさい

はじめに

今日から、ゆとりのある
すっきり心地よい暮らしを
はじめませんか？

毎日つづく家事、仕事、そして子育て。
どうしたらもっとゆとりを持って、
軽やかにこなせるようになるのでしょうか。

新しい時間の流れや習慣を受け入れるには、
そこに「スペース」がないと、入る場所がありません。
そのために、まず自分が少しでも違和感を感じること、
モヤモヤすることは、思い切って手放してみる。

もちろん、長年続けてきたこと、
すでに習慣になってしまっていることを断ち切るのは、

少し勇気がいることだと思います。
けれど、それをいつまでも握りしめていたら
変化は訪れません。

私が日々実践している
「1日1つ手放す断捨離」も同じ。
いらないモノを手放せば、モノが循環して
良いモノが自然と入ってくるようになる。

思い切って手放す、やめる、持たないことで、
暮らしの中に、新しい心地よい時間が流れ始めます。
違和感を感じることは、「もう不要ですよ」というサイン。

自分にとって不要な家事や習慣を軽やかに手放して、
今日から、新しい心地よい暮らしをはじめませんか。

持たない、手放す、やめてみる。

ゆとりが生まれる わたしの1日の時間割

家事に仕事に子育てに……

「やることは山ほどあって、いつも時間に追われている！」

以前はいつもそう感じていました。

無理をせず自分らしく過ごすために

少しずつさまざまなことを手放していったら、

ゆとりを持って1日を過ごせるようになりました。

わたしのとある1日

1日は24時間、というのは変わりませんが、
こんな小さな工夫や習慣でゆとりが生まれます。

6:00

やめたコト

二度寝

朝

morning

早く起きた分が自分の時間。
手帳を開いて、1日の時間を整える。

早起きした時間=自分の時間。自分の時間がほしいときには、なるべく早く寝て早起きする。子どもが生まれたときは自分の時間がなくてしんどかったのですが、子どもや夫が起きる前に起きるようにしたら、朝の時間が自分の時間になりました。15分早く起きれば、1ヶ月で7時間半にもなります。

朝=自分の時間

書くだけで
焦りが
なくなる

朝、ざっくりとやることリストを書いたら
「やらなきゃ」という焦りを手放せました。

手放したモノ　モヤモヤや焦り

ToDo（やること）をチェックリストふせんに書き出して、その日にやることをざっくりと書き出します。「やること」を見える化することで、ほっと一安心（ここが大事！）。頭の中では「忙しい！」と思っていても、チェックリストを見ると、そうでもないと感じることが多く、心が落ち着きます。「やりたいこと」もその日の小さな楽しみとして、1つか2つは組み込むとワクワク度がアップします！

7:00

朝食はセルフサービスでゆったり食べる。

やめたコト

きちんと朝食の準備をすること

一時期は一汁三菜、栄養満点のご飯を毎日作らなきゃ！　と思っていましたが、朝の準備や子どもの身支度に追われて挫折。ズボラな私にはハードルが高すぎました。朝食は、基本セルフサービス。私の仕事は、トースターのそばにお皿、食パン、とろけるチーズなどを置くだけ。各自が自分のペースでゆったりと食べます。忙しい朝だからこそ、ゆとりを持って。

常備菜を
使って
お弁当に

お弁当づくりも7:00くらいに。長男のお弁当は雑穀米に魚か肉、あとは常備菜を詰めるだけ。常備菜が1品あるだけで、気持ちにも時間にも、ぐーんと余裕ができます。

ムリに家族と
あわせるのは
やめました

食パンは栄養たっぷりの胚芽食パンが定番。各自、パンは好きなタイミングで焼いて、フルーツを乗せたり、チーズを乗せたりします。ムリに家族にあわせないのがわが家のルールです。

8:00

朝の15分が私の家事のゴールデンタイム。

やめたコト

疲れる時間帯の家事

私なりの家事の疲れをなくす秘訣は、エネルギー満タンの朝の時間帯にササッと終わらせること。朝の15分は「夜の1時間」に匹敵すると感じています。疲れも溜まっていなくて、新鮮な気持ちで心地よく家事をこなせます。まず、窓をあけて換気。洗濯機を回したり、朝ご飯の食器を洗ったり……。お気に入りの心地よい音楽を流しながらやれば、1日がうまくまわりだします。朝の15分間を目処に、できるだけスムーズに重要な家事を終わらせて。

私は朝が一番
はかどります！
Panasonic

やめたコト

テレビを点けるのはやめて音楽をかけながす

好きな
音楽をかけて
ご機嫌に♪

皿洗いや掃除は、お気に入りの音楽をスマホで流しながらやるとはかどります！　事件や事故などの暗いニュースはシャットアウト！

9:00

スキマ時間に近所をぐるりと
お散歩してちょっぴりアクティブに。

手放したモノ

スマホをなんとなく見る時間

以前は朝の家事が終わったら、だらだらとスマホを触っていましたがその習慣は手放しました。その代わりに、ちょっぴりだけ近所をお散歩してリフレッシュして。コースは15分コースと30分コースがあり、気分に合わせてコースを変えて。雨の日はムリせずお休み♪

たった10分でも、雲がゆっくり流れていく様子を見たりするだけで気分転換に。忙しいときでも、自然のなかに身を置くのは大切な時間。

道端に咲く花に笑顔になる余裕を持つ。花を愛でるのはウォーキングの楽しみのひとつ。

忙しい日は窓を開けて空気を循環させるだけでも効果的。今からはじまる、1日の心地よい流れを意識して。

昼 daytime 9:30〜18:00

やめたコト

「忙しい」を
口にすること

仕事は「5分休憩」でメリハリを。執筆、打ち合わせ、メールなど。

アメリカでも実践している人が多い「ポモドーロ方式」で、30分間仕事や家事をしたら、5分休憩をする、というやり方でメリハリをつけています。外での打ち合わせや取材などのときは、移動の時間を有効活用。好きな音楽を聴いたり、メールをチェックしたり、Kindleで本を読んだり、車の中でも使える無印良品のディフューザーで精油をたいて香りを楽しんだりします。「忙しい」と口にする代わりに、「充実している」と口にして。

花はすぐ枯れてしまうから……という人にはドウダンツツジがオススメ。水やりがとってもラクで、1ヶ月以上は長持ちします！

子どもが摘んだ花をジャムの空きビンに入れて、キッチンに飾ったり。料理中に目に入るので、心がなごみます。

空いているスキマ時間に

自分の大好きなことをする。

手放したモノ

飾るための雑貨を買う習慣

ポンとスキマ時間が生まれたときは、やるべきことではなく、自分の好きなこと、気が乗ることをします。たとえば金曜日は花を飾る日。花を活けたり、飾る場所を変えたり、水やりをしたり、仕事の息抜きは植物と触れ合う時間が好き。

18:00

ストックをやめて、毎日スーパーで買いもの。

野菜は、なるべく
使いきれる分だけ

やめたコト

ストックなどの大量買い

スーパーの買い物は基本的に毎日。なるべくその日に使い切れる分だけを買います。スーパーまでは往復で20分の道のり。まとめ買いをしていたときは、重い荷物が億劫で歩く気にならなかったのですが、荷物が少量になってからは、私にとっては貴重な夕方のウォーキングタイムになりました。面倒くさがりな私でも、無理なく続けられる運動法です。

ピクルスは
彩りにもなる
心強い野菜

お気に入りのすし酢+水(1:1)の簡単ピクルス。1週間から10日ほどで使い切ります。ピクルスを早く食べ終えたときは、液はもったいないので再利用。たまねぎ、にんじん、大根、ヤングコーン、きゅうり、パプリカ、赤かぶなどを漬けます。最近は、みじん切りしたにんにくをプラスするのにハマっています。

18:30

パパッと夕飯づくり。

やめたコト

一汁三菜であるべき、という思考

子どもたちの大好きな定番メニューをまわしながら、時間があるときだけ新しいレシピを楽しみます。パスタにピクルスだけ、野菜うどんだけの日もOK。一汁三菜にこだわらない。

19:00

みんなで夕飯タイム。

やめたコト

「全部食べなさい」「こぼさないで！」の小言

おいしく
食べたら、
皆で片づけます

夕飯のときは美味しく楽しく食べるのが一番大事。子どもへの小言は手放しました。元気に「ごちそうさま」が言えれば◎。夕飯の時間は早いほど、夜にゆとりが生まれます！

夜
night

自分が苦手な
時間帯の家事は
「やらなくていい」
方向に！

19:50

サッと
あと片づけをする。

やめたコト

夜のしっかり家事

夜のルーティンにしているのは①洗濯物をカゴに入れる、②テーブルを拭く、③テーブルの下にサッと掃除機をかける、の3つだけ。朝に大半を終わらせているので夜はラクチン。夜は自由に心地よく過ごしたい。

時短した分は、
家族との
時間にします

20:00

子どもとゆったり過ごす。

やめたコト

だらだらとテレビを観る

子どもの宿題に丸をつけたり、ピアノの練習をみてあげたり、子どもたちとゆったりと過ごします。お茶好きの長男と一緒にそば茶やはちみつレモンを飲んだりするときも。

21:00

子どもと一緒に
リビングをリセット。

やめたコト

イライラしながら
私ひとりで
リビングを片づける

ランドセルは
玄関に
スタンバイ

リビングが散らかる原因は、ほとんどが子どものモノの出しっ放し。とくに、夜宿題をするとき、3人の学用品がリビングに散乱！ 寝る前にみんなでサッと片づけて、ランドセルは玄関にスタンバイすることで、朝がスムーズになりました。

早寝早起きが
一番効率的でした

22:00

22:00には寝室に
入って、早めに就寝。

やめたコト

夜更かし

何時に寝れば朝スッキリ起きれるのか、色々試してみたのですが、22時過ぎぐらいに寝ると、翌朝すっきり気持ちよく起きられることに気づきました。やっぱり朝型の生活が私にはぴったりです。

小さなヒント

長く習慣になっていること、やるのが当たり前になっていることでも、少しでも違和感を感じることやモヤモヤすることは、勇気を持って「やめる」、「手放す」。「やらないと○○になってしまう……」という恐れは、単なる思い込み。心地よい暮らしのために、ゆっくりひとつずつ、楽しみながら手放していきませんか。

もくじ

Chapter 2

自然と時間が生まれる暮らしのアイディア

Chapter 3

時間と上手に付き合う しあわせな考え方

Staff
ブックデザイン／掛川竜
文章／矢島史
印刷所／シナノ書籍印刷株式会社

本書をお読みになる前に
本書に掲載されている情報は、2018年8月現在のものです。商品の情報や仕様などは、変更になる場合があります。私物に関しては、現在は入手できないものもあります。右記につきまして、あらかじめご了承ください。

Chapter 1

家事がラクに回りだす時間の使い方のコツ

忙しい日々の中で、家事の効率や時短を考えるのはとても大事なことです。そのなかで、私が何よりも大切にしているのは「家事はなるべく楽しい気持ちで」ということ。自分の暮らしや好みに合わせたラクにできる方法や、お気に入りの道具を取り入れてみたところ、家事がぐんと手早く心地のよいものになりました。

わが家の定番ピクルス
有機すし酢

無理をしない、自分にぴったりの家事時間を見つけました。

一般的な1日の家事の流れと言えば、朝は「朝食準備と洗濯、掃除」、夕方に「買い物、洗濯物たたみ、夕食づくりにお風呂の準備」といったところでしょうか。けれど実は、人によって、暮らしによって、家事のゴールデンタイムは違うはず。夜に洗濯物を干しておくのがラクだと感じる人もいれば、朝いちばんで買い物をしておくと安心できるという人も。〝一般的〟に囚われることなく、自分が軽やかに過ごすことのできる家事時間のゴールデンタイムを見つけてみてください。

私を変えたのは、「朝」家事

私にとって、家事のゴールデンタイムはなんといっても「朝」です。以前は夜型だったのですが、子どもが生まれるとどうしても夜は時間が取りにくい。子どもを寝かしつけてから起き出してくるというのは、疲れてしまって私にはとても無理でした。そこで、夜は子どもと一緒に自分も寝ると決め、朝に早く起きて家事をしたりお茶をしたりと自分の時間を持つようにシフトチェンジ。すると、不思議と一日がうまく回るようになったのです。

まず、朝はまだ体が疲れていないので、家事にも自分のしたいことにもエネルギー満タンの状態でのぞむことができます。〝朝の15分は夜の1時間に匹敵する〟と言われるのを実感するほど、掃除などで体を動かしてみると、あっという間に終わります。しようと思っていたことを済ませてから一日を始められるので、心が落ち着き、前向きな気持ちで過ごすことができます。単純に、早く起きると一日も長く感じられるのでとってもお得。夜はぐっすり眠れて、その日の充実感が違います。

しかも朝日をたっぷり浴びることは、体内時計をリセットさせて体調を整える効用があるそう。

＼ 朝はレモンの香りで 爽やかに1日の家事をスタート ／

掃除スプレーは手作りのモノを

朝一番に使う、私が愛用している手作りの掃除スプレーは、水にレモンやペパーミントなどの精油を1〜2滴プラスしたモノ。季節ごとに精油を変えて香りを楽しみます。

朝の空気は
マイナスイオン
たっぷり

ミネラル
ウォーターで
1日をスタート

朝起きるとすぐに窓を開ける

朝は、雨の日でも窓を開けて換気をします。常春のカリフォルニアに住んでいたときに、一日中窓を開けていたので、すっかり習慣になりました。

朝型生活のおかげなのか、悩まされていた体の不調もよくなり、毎日快調です。

　というわけで私のおすすめは「朝」家事なのですが、もちろん夜のほうが動けるという人もいて、人それぞれです。自分にとって本当に動きやすい、一日の流れをスムーズで心地よくできる家事時間はいつなのか、色々と時間を変えて試してみるといいかもしれません。

どのような家事の時間を過ごしたいですか？

いつもの家事時間、自分に合ってる？

チェックリスト

ひとりになれる時間である

ひとりになれる時間を見つけるだけでも作業効率はぐんとアップ！　自分のペースでしたいことにじっくり取り組めます。逆にひとりだとついダラダラしてしまうという人は、家族がいるうちに取り組むと決めて、働く背中を見せるのも○。

頭がクリアで、やる気の起きる時間である

私の場合は、朝の空気を全身に浴びると頭がスッキリとクリアになります。「今なら気持ちよく取り組める」とむくむくモチベーションが上がってくる時間を見つけて。

睡眠時間がしっかり取れるタイミング

例えば、朝早起きしなくてはならないのに、夜の睡眠時間に家事が食い込んでいるのはNG。どうしてもそれまでに時間が取れない、朝家事の余裕もないということであれば、思い切って手放して週末にまとめるなど試してみて。

その時間帯、習慣になりそうですか？

自然と体が動くような時間帯が見つけられれば、その家事は習慣になりラクに済ませられるように。「朝ドラが始まるまでに」とか、「お茶の時間の前に」など嗜好に合わせるのもおすすめです。

＼ チェックしてみよう ／

時間に追われないための、朝食のちいさな工夫。

朝は時間がなくて当然――以前はそんな風に思い込んでいました。けれど朝ごはんに「セット」を導入してからというもの、時間に大きなゆとりが出たのです。

その「朝ごはんセット」は、トースターのそばにお皿とパン、ジャムやチーズを置いておくだけというもの。たったの3分で準備完了です。あとは家族が各自でパンを焼き、好きなタイミングで食卓について食べています。私はとてもラクになりましたし、家族も人

パンは各自、好きなタイミングで
焼きたてを

パンはトースターのそばにお皿を置き、各自が好きなタイミングで焼きます。テキパキ動く長女は早めに、のんびり屋の長男と次男はゆっくりと。ムリに合わせずゆったり食べる。

むくだけですぐ食べられる
フルーツは我が家の定番

我が家の朝の定番は、栄養たっぷりの旬のフルーツ。洗うだけ、もしくは皮をパパッとむいて食べられる、フクチンなバナナ、みかん、いちご、ブルーベリーなど。洗い物も減らせます。

に合わせず自分の好きに朝の準備をできるので一石二鳥！　フルーツも、包丁でむいたり切ったりする必要のないものを置いておけばとてもラクで、洗い物も減らせます。

和食派の友人は、お味噌と乾燥具材を丸めてラップにくるんだ「味噌玉」を作っておいて、やはり家族がそれぞれ好きなタイミングでお湯をそそいで朝ごはんを食べているそう。お漬物や佃煮もセットしているとのことで、充分に素敵な朝ごはんですよね。

忙しい時間帯ほど、シンプルで「料理いらず」のごはんが効くと実感しています。

朝を整えれば、
1日がスムーズに回る。

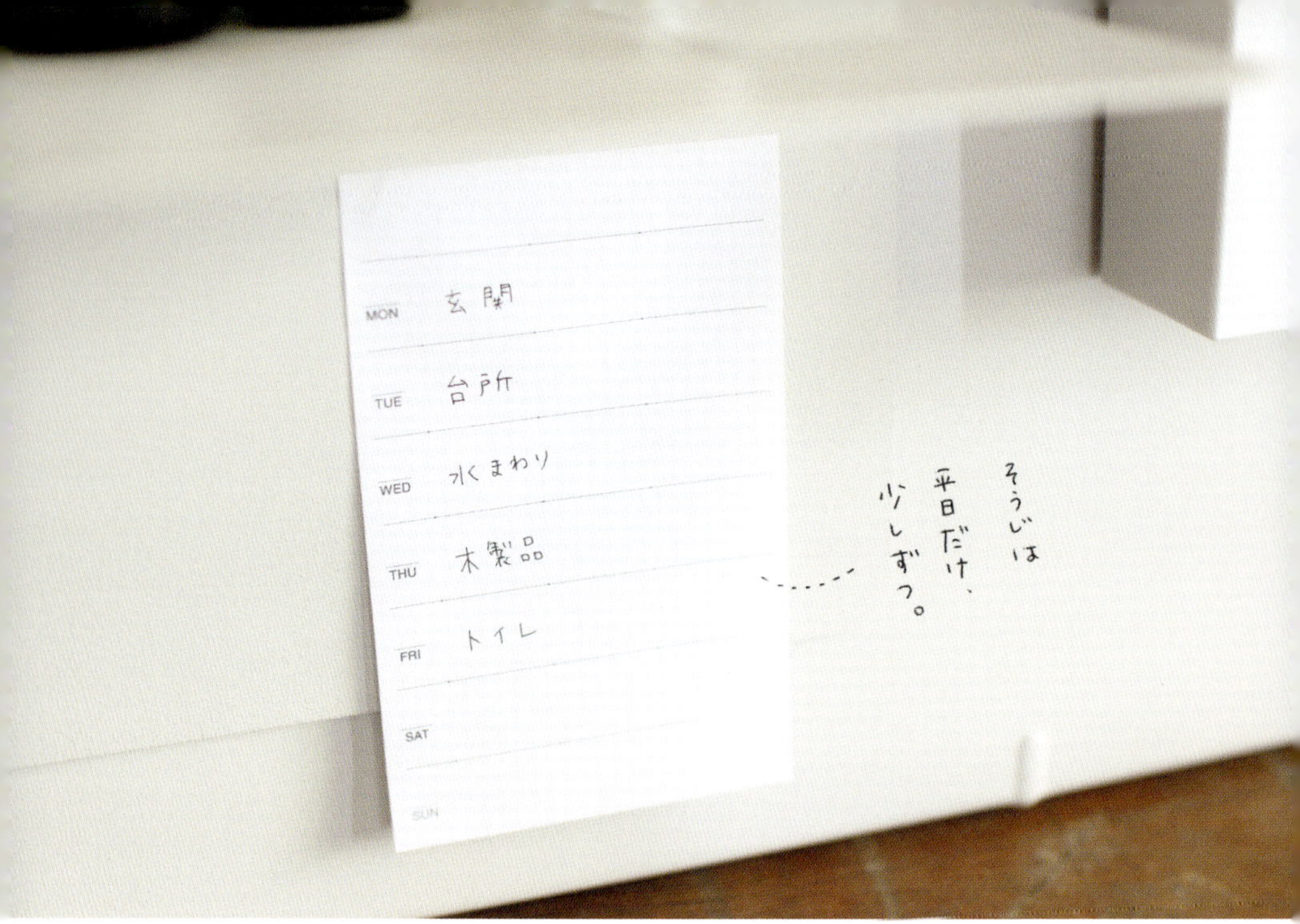

1日少しでキレイをキープ、わが家の「曜日家事」。

料理でも掃除でも、「何を作ろう」、「何から取りかかろう」と考えるところが、まず第一のハードルだったりします。食事は必要だから料理のハードルを乗り越えることはできても、掃除となると「あとでいいや」、「また今度……」と回れ右してしまうことも。

そこで、「何から」を考えなくてすむ、曜日ごとのお掃除ルーチンリストを作ってみました。いつもの掃除にプラス5分。少しでも楽しく取り掛かれるように、ちょっとゴロ合わせを取り入れて。

曜日を軸に＋5分。できない日があっても大丈夫。
続けることを優先して。

月　曜日は、「げ」が付くから玄関掃除の日。

玄関はさほど広い空間ではないので取り掛かりやすく、週のはじめにぴったり！なにより玄関がすっきりすると、気持ちよく一週間を始められます。靴箱の子どもゾーンだけでも砂を払う、姿見の鏡面を磨くなど、ちょっとしたお手入れで爽やかに出勤、登校ができそう。

火　曜日は、「火」を使う台所の日。

ガスコンロ、トースター、電子レンジなど、サッとひと拭きするだけで気持ちよく調理に取り掛かれます。こびりつくと大変なので、早めのケアが肝要。

水　曜日は、「水」まわりの日。

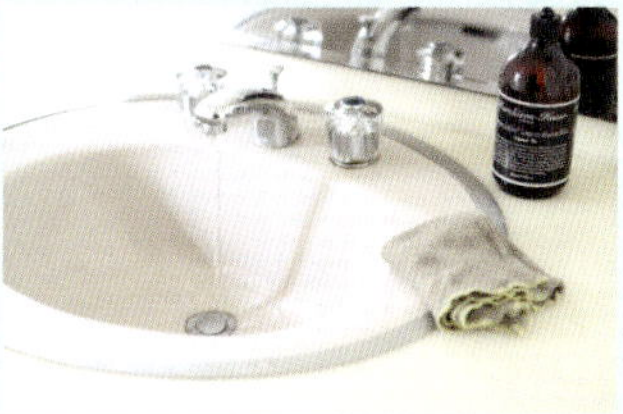

台所のシンク、排水溝、バスタブなど、気になるところを一ヶ所でもクリアにすれば気分爽快。湿り気は菌の温床になりがちなので、どこよりもキレイを心掛けたい。

木　曜日は、「木」製品の日。

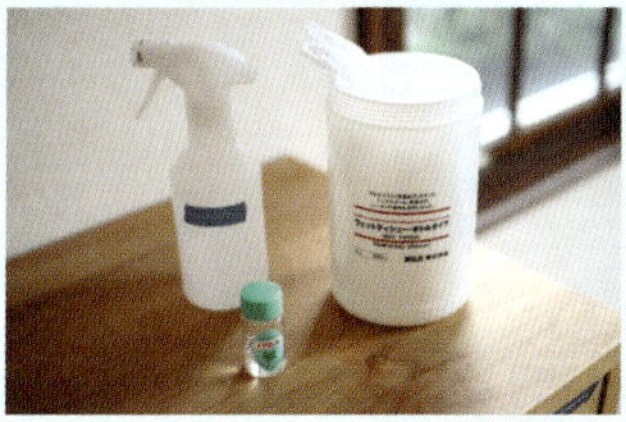

棚や扉など、いつの間にかたまるホコリをひと拭い。たくさんホコリが積もってしまうと、目に入るたび心がモヤっとします。そうなる前のちょこっと掃除が部屋の雰囲気を変えてくれます。

金　曜日は、「金」運アップによいとされるトイレ掃除の日。

いつもはしないプラスアルファの場所——例えば便器の真後ろとか、用具入れとか、窓まわりなどをキレイにしてみる。見えない所もキレイと思うと、よりリラックスできてトイレが憩いの場に。

これが便利

普段の掃除は マキタの掃除機で

毎日の掃除は、「マキタの掃除機をかける」のが基本のルーティン。それに曜日ごとの家事をプラスするだけで、そこそこキレイをラクにキープできます。

無印良品の
ウィークリーふせんが
便利！

私は普段、マキタの掃除機で汚れの気になった部分をササっと数分かける程度なのですが、この5分程度の気軽なプラスアルファによって、キレイが自然と続くようになりました。「今日は木曜日だから木の額を拭こう」というのは、ただ「木の額を拭こう」より楽しい気持ちが増しますし、何より普段は気づきにくい汚れに日頃から気が付くきっかけになり、ホコリが溜まるのを防いでくれます。「今週の拭かれたい木の部分はどこだ？」と探検気分で探します。

　もちろんこれらは目安なので、時間のないときは無理をしなくても大丈夫。決まりだから守らなくては！　というのは負担になってしまうので、私は苦手です。また、「ここ掃除したほうがいいな」と感じたけれど時間がないときは、チェックリストに書いておいて、スキマ時間にするようにしています。うっかり忘れることもなく、負担に感じすぎることもない。私なりの掃除の工夫です。

お気に入りの台ふきんで

“棚を拭く”が木曜日の習慣になっていれば、「やらなきゃ」の負担も「汚れている」のストレスも、両方を手放すことができます。

家事は、20分以上やらない。

あれもやらなきゃ、これもやらなきゃと家事が溜まってくると、やることが膨大でとても忙しい気になってしまいます。でも実は、ひとつひとつの家事をタイマーで測ってみると、だいたいのことがたった数分で済んでしまうのです！

例えばカウンターを拭くのは、たったの1分。夕食の先取り調理で味噌汁を作るのに、3分。意外と短い時間で、暮らしにとって大きな価値のある家事ができていると思いませんか？　まずは、いつもの家事が何分かかるかを計ってみてください。「出かける前に洗濯物を干して、シーツも替えて、掃除機もかけておきたい」と思うと気が焦ってしまいますが、なんとなくでもかかる時間がわかると、「10分＋2分＋5分の17分くらいで終わるんだな」と気がラクになります。

こうして「家事は大変」という思い込みを捨てると、心は軽やかになり、体まで身軽に動けている気がします。私の場合は毎日、4つくらいの家事を20分の間に終わらせる感覚です。20分もすると集中力が切れてしまうので、自分にとってはこれくらいが適量なんだな、と感じています。

また、たった数分でできる家事があるとわかれば、例え2分のスキマ時間にも「テレビまわりのホコリだけ拭っておくか」とサッと動きやすくなります。この2分の積み重ねで、どれだけ空間が心地よいものになるかわかりません。掃除機をかけるにしても「家全体をかけよう」と思うとハードルが高くなりますが、リビングだけ、テーブル周りだけ、などと気になるところだけを区切ることで、まとまった時間が取れなくたってラクにきれいを維持できるのです。

スキマ時間を利用してサクッと終わらせる！

もう悩まない！ すぐ取りかかれる！ 5分以内でできるカンタン家事リスト

一見面倒に思える家事のあれこれも、取りかかってみれば実はほんの数分。そうだと知ると気が軽くなり、「やらなきゃ」とおっくうに思う必要もなくなってきます。するとたった数分のスキマ時間で、小まめにサササッと家事に取り組めるように。この1分や2分の家しごとで、家がどんどんキレイで心地よい空間に変わっていきます。

片づけ

1 minutes

- ダイニングテーブルの上のモノを取り除く
- ずっと使っていない文房具を処分する
- 玄関の靴を揃える、下駄箱にしまう
- 読み終えた本を本棚に戻す
- 財布やバッグの中身を出す

3 minutes

- リモコン等の小物だけサッとリセットする
- お菓子箱の整理
- 子どものプリント類を処分する
- 引き出しひとつを整理整頓
- 棚1段だけ整える

5 minutes

クローゼットの洋服をたたむ

読まない本を捨てる、ダンボール箱に入れる

子どもたちのベッドやふとんを整える

食材を確認し、期限切れを廃棄

ずっと使っていない食器を処分する

ごはん作り

1 minutes

お湯を補充する

手ふきタオルをとりかえる

調味料を軽く拭く

炊飯器のタイマーをセットする

食事で使うお皿を食卓に出す

野菜を洗う

3 minutes

夕飯の下味付け

カンタンな味噌汁を作る

冷蔵庫の中をサッと整理する

野菜をゆでる

サラダだけ作る

食卓の食器を下げて水に浸ける

5 minutes

- カンタンなつくりおきを1品作る
- 夕飯前に調理道具をサッと洗う
- 洗いものを拭く
- 炒飯などの炒めご飯を作る
- 焼きそばなどの炒め麺を作る

掃除

1 minutes

- 子どもを見送るついでに、玄関のたたきをサッと掃く
- フローリングワイパーでキッチンの床を拭く
- カウンターを拭く
- 洗面台をメラミンスポンジでこする
- ゴミを5個拾う

---

3 minutes

- キッチンシンクをキレイにする
- テーブルを拭く
- 気になる場所だけ掃除機がけ
- ゴミ箱をきれいにする
- 窓を1〜2枚拭く

5 minutes

トースターの中をキレイにする

鏡を磨く

ひと部屋だけ掃除機をかける

浴槽をざっくり洗う

便器の掃除

その他

1 minutes

買い物リストの作成

その日のスケジュールをチェックする

切れている電池の交換

その日の朝に出すゴミをまとめておく

スマホのアプリの整理

---

3 minutes

明日の洋服を決める

洗濯物をとりこんで、それぞれの部屋に置く
（わが家はたたむのは各自）

子どもの白衣やシャツのシワを伸ばす

子どもの宿題をみる、明日の学校の準備を見守る

ダンボール箱や袋を整理する

じつは、小分けにすると、家事は5分以内で完了するモノがほとんど。
忙しいときはこの中から1～2つだけでも大丈夫。
自分の心地よいペースで続けていきたいですね。

「ついでに」やるだけ。気軽にゆったり「ながら家事」。

スキマ時間でできる数分の家事リストを書き出しているうちに、私はこれらを日常の動作の「ついで」にしていることが、とても多いと気が付きました。トイレに入ったついでにペーパーホルダーの上や便座をササっと拭いたり、植物に水をあげるついでにシンクをメラミンスポンジでこすったり。

掃除にしても片づけにしても、ちょっとした汚れが目に留まった際に「あとでしっかりきれいにしよう」と思うと、なかなかすぐにやらないもの。そして後から、「やらなきゃ〜」と心の負担になってしまいがち。しかも「あとで」を繰り返すうちに汚れも、心の負担も増すばかりです。

その点、何かのついでにちょっと手を伸ばして行う「ながら家事」が習慣になっていれば、汚れに気づいた時点で自然と体が動きます。「汚れに気づく＝ストレスが溜まる」より、「汚れに気づく＝そこがキレイになる」という、ストレスフリーな流れを暮らしに取り入れたい。

掃除のほかにも、メールのついでに画像を整理したり、台所の近くに机を置いて調理をしながら子どもの宿題を見たり、夕飯を作りながらお弁当のおかずを作っておく、母と電話をしながら辺りを片づけるなど。同時並行的に、複数のことが済ませられてとっても時短。特に、話しながらの家事は忙しい中でも家族とコミュニケーションを取るひとときにもなっています。

水やりのついでに
サッとシンクを拭いて

植物に水をあげるついでに、メラミンスポンジでサッとシンクをこすります。何かをするついでに1アクションの掃除をプラスする、をクセにしてしまえば、どんどんお家がきれいになります。

家事に
すぐ取り掛かれる
ちいさな仕掛けを。

いつもの家事をラクにするには、実は仕掛けが9割！……と、言っても過言ではありません。「家事をやるのが面倒」と感じるときって、やることがたくさんあると思うからではないでしょうか？　掃除の前に、「まず、掃除機を出して、セットして、床の上のモノをどけて……」。忙しいときは、そんなことを考えるだけで、疲れてしまいます。ちょっとした工夫をすることが、家事全体の負担を大幅に減らしてくれます。

子どもの靴下の
脱ぎっぱなしが解決！

リビングに「靴下専用のカゴ」を設置して、靴下をぬいだらすぐカゴへ、とルールを決めたら、長年悩んでいた靴下の散乱が解決しました！私の仕事はカゴを洗濯機に運ぶだけ。

すぐ掃除ができるように
ウェットシートは
いつも出しっぱなしに

これがラクチン

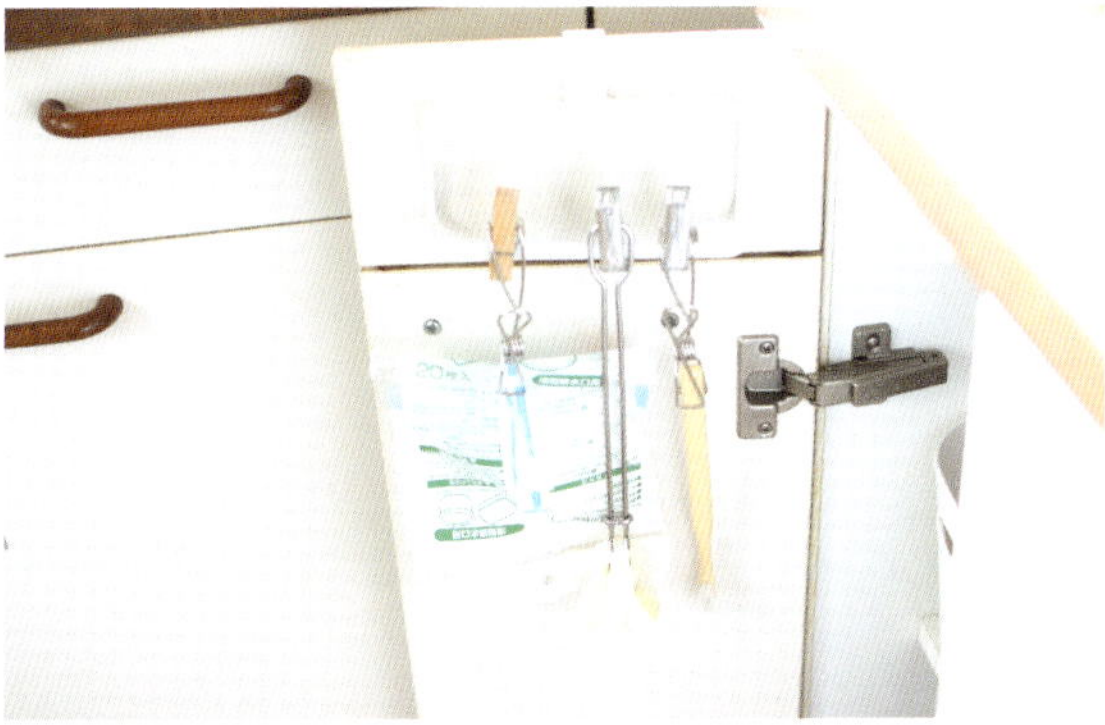

排水溝ネットや掃除
道具はキッチンシンク
下の扉に引っ掛けて。

無印良品の収納アイテム

毎朝のやることリストや
手帳タイムがスムーズに
いくように、引き出しの
中はスッキリ整理して。

とても簡単なことですが、「使うモノを使うところに配置しておく」、「家の中のモノはなるべく少なくする」のは、やはり効果的。どんな家事をするにもスムーズにはじめられ、モノが少ないと、すべての家事の総量が劇的に減ります。モノを減らすのが大変という人も、大丈夫。そのほかにも、家事に工夫できることはたくさんあります。

たとえば量が多い洗濯物などは、自分ひとりでたたまず、それぞれの部屋に置いておいたら各自でたたんで収納する、というルールにする。個々のモノにはっきりと分けられる洗濯物は、家族分担にぴったりです。

また、自分にとってあまり好きではない家事は、「みんながこうしているから」という先入観を取り払って、自分流のやり方に変えてみる。多くのお家にある台所の水切りかごを、思い切ってなくしてみたら、スッキリしたし、掃除の手間も省けました。最終的にお皿がきれいに棚に並んで、生活が回ればそれでOK！　自分が心地よいと思う「わが家流」の方法を考えるのも楽しみです。

同じように、どうやらわが家はみんな、どうしても脱いだ靴下を洗濯機へ入れるのが苦手なよう。スムーズに洗濯できるよう、リビングに靴下放り込み用のカゴを用意してみました。カゴが近くにあれば、そこに入れるのは簡単なので、私も落ちた靴下を見るたびイライラしたり、いちいち拾って洗濯機へ運ぶことがなくなり、万事解決！

家族が笑顔になれるベストな方法になりました。

場所別

家事の負担を減らすコツ

料理

食器棚はいつもスッキリ

調理道具や食器の量を減らす

使われていない調理道具や食器は意外と多いもの。思い切って減らしたら、料理も後片づけもグンとラクになりました。

掃除

その場ですぐ取れる！

掃除道具の定位置はテーブル脇

消しカスや小さな紙くずで散らかりやすい仕事机のすぐ近くに、ミニホウキや掃除道具を吊るしています。2歩で取りに行けるので、汚れに気づいたら15秒でクリア！

片づけ

脱ぎ捨てがなくなった！

家族に合わせてハードルを下げる

家族がリビングに靴下を脱ぎっぱなしにしてしまうので、リビングにカゴバッグを置いて、カゴの中を靴下の定位置に。片づけがぐんとラクになりました。

洗濯

家事は家族を巻き込んで

畳むのは各自の仕事

乾いた洗濯物は、人別に分けてそれぞれのベッドにのせるだけ。子どもたちは自分の服を自分で畳んで収納します。私が畳むのは自分の服とタオルくらい。

面倒な家事を好きになる！魔法のひと工夫。

ひとくちに家事といっても多種多様です。ひとつひとつ取り組みながら自分の心を観察してみると、「これは結構好きだし得意」というものと、「これはいまいち苦手」という家事があるのではないでしょうか。

苦手な家事は今より少しでも好きになって、少しでも気持ちよく取り組みたい……。そのために、どうしてその家事が苦手なのかを知り、取り除けるものであればクリアにしてみようと思い立ちました。

私の場合は、食器洗いが好きではありません

ここがPOINT

お気に入りのリネンを水切りカゴのかわりに

水切りかごの管理が大変に感じたので、水切りかごは撤去してお気に入りのリネンに洗った食器を重ねることに。食洗器があるので、ちょっとした洗い物はこの程度でも十分間に合います。可愛い柄のリネンが目に入ると、水仕事の気分も上がります。

お気に入り

食器洗いのあとにご褒美を用意する

お気に入りのハンドクリームを使うだけで食器洗いへの抵抗は軽くなりました。私も長女も精油の入っているハンドクリームが大好き。

でした。なぜかと自分の胸によくよく聞いてみると、手荒れが嫌だったんですね。そこで、洗剤を手荒れのしにくい「アルモニベルツ」に変えたところ、香りはいいし、手荒れしないしで、食器洗いの心の負担がとても軽くなりました。ゴム手袋は、感触やにおいがどうも苦手で使う気が起きなかったんです。さらにスポンジを持ち手付きの物に替えて直接泡に触れないようにし、食器洗いのあとには香りのよいハンドクリームを塗ることにしました。

するとに苦手だった食器洗いが、だんだんと楽しいものに変わってきたのです。香りの効果は絶大で、好きな香りは心を癒し気分を上げてくれます。こんな小さなお楽しみを加えるだけで、「食器洗い」という家事の存在が違ってきたのでした。

拭き掃除が好きになったのは、爽やかに香るハッカ油のおかげです。

まずは、好きなことから取り掛かる。

家事に取り掛かるときは、自分が好きと感じる家事から始めることにしています。

例えば、ハッカ油を混ぜた水をシュッとスプレーするだけのシンプルな拭き掃除。キッチン周りやカウンターを軽く拭くと、あたりはさっぱりとキレイになり、爽やかな香りが一面に広がります。この爽快感がたまらなくて、次の家事へと移るモチベーションは急上昇！　最初に一番好きなことから始めると、途中で用事が入ったりして、家事が中断されても、「あれはできたから」と満足感が違います。

そして時には、好きな家事どころか〝好きなコト〟から始めることも。家しごとに入る前に、ゆったりとお茶をし、雑誌を眺めて「これがしたかったんだよね」と心を満たします。すると遠回りなようでも、結果としてそわそわすることなく、その後に集中してやるべき家事に取り組めるのです。

「あの楽しみのためにまずはイヤなことを片づけよう」とご褒美を設定するのもあり。けれど、楽しみを後回しにしすぎていると、それがクセになり、「やるべきこと」がいつも暮らしの大半を占めるので、何となくモヤモヤする……という状態になりがちです。心地よく日々を楽しむためにも、まず一番に「好きなこと」から取りかかる。そうすることで、不思議とこなし作業だった家事がどんどん楽しくなるのです。「やるべきことから取りかかる」を手放すことで、日々の暮らしがますます楽しく、豊かになったように感じます。

自分を楽しい状態に持っていけば、
おっくうに感じていた雑務も
スムーズにこなせる。

時間が貯まる、ゆとりが生まれる「家事貯金」。

夜はゆったりと過ごしてリラックスし、いい眠りへの導入としたい時間です。「やっておかなきゃ」と思うと、先取り料理もつくりおきも負担になってしまいがちですが、本当にシンプルなものを気の向いた時だけ、「これで夜がラクになる！」とうれしい気持ちで行なうようにしています。

やり方は、空いているタイミングに、にんじんの千切りやキャベツのコールスローなど、ここ2〜3日の夕食の一品に足せるような常備菜をつくるだけ。私のつくりおきは定番化されていて、すし酢で漬けるだけの簡単ピクルスや、塩で揉んだキャベツなど、どれも本当にシンプルで、数分もあればできるものばかりです。そんなちょっとした一品でも、事前に作って冷蔵庫に入っているという安心感は圧倒的！　野菜が多いので、ちょっとした小鉢や、メイン料理の具材に転用できます。ときには、昼間のうちにカレーやお味噌汁を先に作っておくのですが、これをしておくだけで、夜のリラックスタイムへの貢献度はとても大きいものです。

そして、調理中に出た汚れものは、調理しながら同時に洗ってしまうのも家事貯金のひとつ。食後の後片づけをスピーディでラクにしてくれる心がけです。また、油のついたフライパンは使ってすぐ、60度くらいの熱いお湯で流すと、すっきり落ちるうえにちょっとした排水口の掃除にもなり、キレイを保つことができるのでおすすめです。

つくりおきは便利ですが、負担になっては本末転倒。自分がラクに作れる定番のモノを作ります。見た目に彩りや変化をプラスしたいときはハーブやネギなどをのせて。

空いた時間にやっておくと家事が時短になります！

チェックリストふせんでやることを明確に

休憩タイムに「やることリスト」を書いておくことで1日が効率的に。やらなくてはいけない家事や雑用の多い日に特におすすめです。こんなちょっとした工夫が、ゆったりした自分の時間を生み出してくれます。

マステで収納の中身を見える化する

手が空いたとき、気がついた場所の収納ケースや引き出しにラベリングをして中身を「見える化」しておくだけで、日常であちこち開けてモノを探す時間を省けます。コレもひとつの家事貯金です。

「無理」を手放す。忙しい日は「家事のお疲れメニュー」。

一日中忙しくて夕食の準備もままならず、体もぐったり……という日があります。ご飯作りは毎日のことだから、無理を重ねてもつらくなるだけ。家族に笑顔で接するためにも、こんな日の「お疲れメニュー」をいくつか決めておくと心が軽くなります。

たとえば忙しい日の献立は、カレーやシチューなどの煮物にする！　と決めています。子どもたちも好きな献立で、何日か続けて食べられて、ソースにしたりとアレンジもでき、「お疲れメニュー」にうってつけ。もっと忙しいときは、買い置きしておいた「温めるだけのハンバーグ」、「焼くだけの豚のみそ漬け」、「出すだけのお刺身」だけでもOKとしています。

疲れているときは、メニューを考えるだけでもひと仕事です。新しい料理や、凝ったレシピは、余裕のある時で十分。無理に頑張るよりも、ラクを選んで心にゆとりのあるほうが、「明日も頑張ろう！」と前向きになれるような気がします。

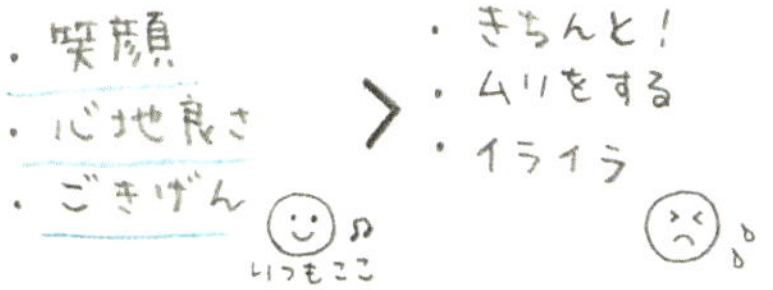

無理をせず
私が機嫌よくいるのが大事

「お疲れメニュー」は料理だけに限りません。掃除や片づけも、忙しい日は無理せず、〝すぐできて、そこそこキレイ〟になる方法だけに絞っています。家族が笑顔でいるには、自分が「機嫌よくいる」ことがとても大切だと思っています。疲れてイライラしている自分ではなく、いつも機嫌がよい自分でありたい。家族が幸せに暮らすための、ひとつの重要なポイントだと思っています。そのために手抜きが必要ならば、堂々としてOK！　と思っています。

忙しいときは、お弁当づくりも無理せず。前の晩のおかずをあたためてお弁当に入れたりと工夫して。

私の住む横浜市では、中学校に給食がありません。週の半分は部活の朝練もあるし、かなり朝早くにお弁当を作らなくてはいけないとプレッシャーを覚えていました。でも、「忙しくて、朝練のある日は、無理せずお弁当を買ってもいいのかも？」と気づいてからは、ホッとひと安心。おかげで、朝練のない火・木曜日は、腕によりをかけ、がんばって美味しいお弁当をつくろうと前向きに思えるようになりました。

目玉焼きは
ヘルシオで調理。
おかず用カップに
卵を入れるので
洗いものはゼロ！

ヘルシオがあると
ご飯づくりがラク

目玉焼きはヘルシオで焼いて手抜き。おかず用カップに卵を入れるから洗いものはゼロ！

忙しくて掃除まで手が回らない！というときは、掃除は堂々と休む！
窓を開けて、換気を長めにするだけで、埃がたまりにくくなります。

平日と週末で区切りをつけて、暮らしをスムーズに。

以前は、平日にできなかった家事をまとめて土日にしていました。でも今は、週末の家事は、本当に基本的な「ごはん作りと後片づけ」、「洗濯」、「お風呂洗い」、「リビングの掃除機かけ」だけに絞っています。土曜も日曜もがんばっていると、夫や子どもたちがオフモードでゆったりとしているのが目に入り、なんとなくモヤモヤしてしまうと気づきました。「なんで私だけこんなに忙しいの？」と、小さく愚痴ってしまうことも。

このままでは、家事に対してネガティブな気持ちを抱いてしまう！　せっかく休日を楽しんでいる家族にも、つんけんしてしまいそうでした。

それからは、平日が忙しくてやることが溜まっていたとしても、土日のどちらかはオフモードにするようにしました。週に1日はゆったりと、思い切り羽根を休ませよう！　それがまた、次の週の家事への、パワーの源となっている気がします。

週末の朝食は
子どもたちがお手伝い

週末の朝は子どもたちが率先してパンケーキを作ってくれます。1年生の次男は料理が大好き！

お茶を飲んだり、精油を焚いたりして、とくに休日は自分を癒す時間を
持つように。明日へのイキイキとした活力につながります。

家事をひとりで抱え込まない。

夫はアメリカ人なので、私たち家族はアメリカに住んでいたことがあります。その時に、家事は妻やお母さんだけがするものではなく、「家族みんなで分担してやるもの」という現地の常識を知りました。衣類は各自が自分のものを洗って干して管理し、夫婦で料理をしたり食器洗いを分担したり。日本に住むようになってから、毎年1カ月ほど義理の両親が我が家に滞在するのですが、義理の父を見ていると楽しそうに買い物に行き、料理をしています。とくに父はイタリア系で、男の人が料理をするのは普通のことだそう。家の中の掃除はお母さんがやっていますが、庭仕事はお父さんと、やはり分担しているのがうかがえます。

わが家でも家事はアメリカ方式で、家族みんなで協力することに。家族に対して気をつけているのは、「やりなさい」、「こうしなさい」と上から言わないこと。「一緒にやろう」、「こうしてくれたら助かる」と声をかけて、やってくれたら「うれしい！」と喜ぶ。そんなやり取りで、自然と家族が家事に参加してくれる仕組みができていきました。

たとえば洗濯は、夫は自分のモノは自分で洗います。子どもたちの分は私が洗いますが、乾いた衣類を畳んでしまうのは、各自の仕事。それぞれの部屋のベッドの上に置いておいたら、あとは自分で畳んで収納します。こうすれば、私の家事もラクになり、子どもたちへの自主性も育ち、一石二鳥。収納方法を学ぶことに加え、自分の持ち物を管理することで愛着を持ち、モノを大切にする心も養えるような気がします。

そして、「みんなで家事」を実践したことで、同じ時間を共有できるというメリットもあるこ

とを知りました。子どもから今日学校であったことを聞きながら片づけをしたり、一緒に買い物をしながら笑い合ったり。子どもとべったり過ごせるのは限られた時間だから、同じ家の仕事をしながらコミュニケーションできることに幸せを感じます。友人は、毎晩、食器拭きを娘に手伝ってもらいながら、いろいろなことを話していたそうですが、食洗器を導入したらその時間がポンと消えてしまい、大変寂しくなってしまったと話していました。なんだか、わかるなぁ……。今、わが家では分担と、ちいさな声かけの工夫で、家族との家事時間を楽しむことができています。

家事中はスマホで
音楽をかけながら

みしえる家の役割分担

家事はひとりで抱え込まえない。
無理せず、家族みんながそれぞれ、
得意なことをやるのがわが家流！
ここでは、わが家での家事の
役割分担をご紹介します。

私

掃除、洗濯、炊事が担当ですが、家族にも手伝ってもらいます。朝に大半を終わらせます。

夫

自分の衣類洗濯、週末のごはんづくりはパパの担当。よくパスタを作ってくれます♪

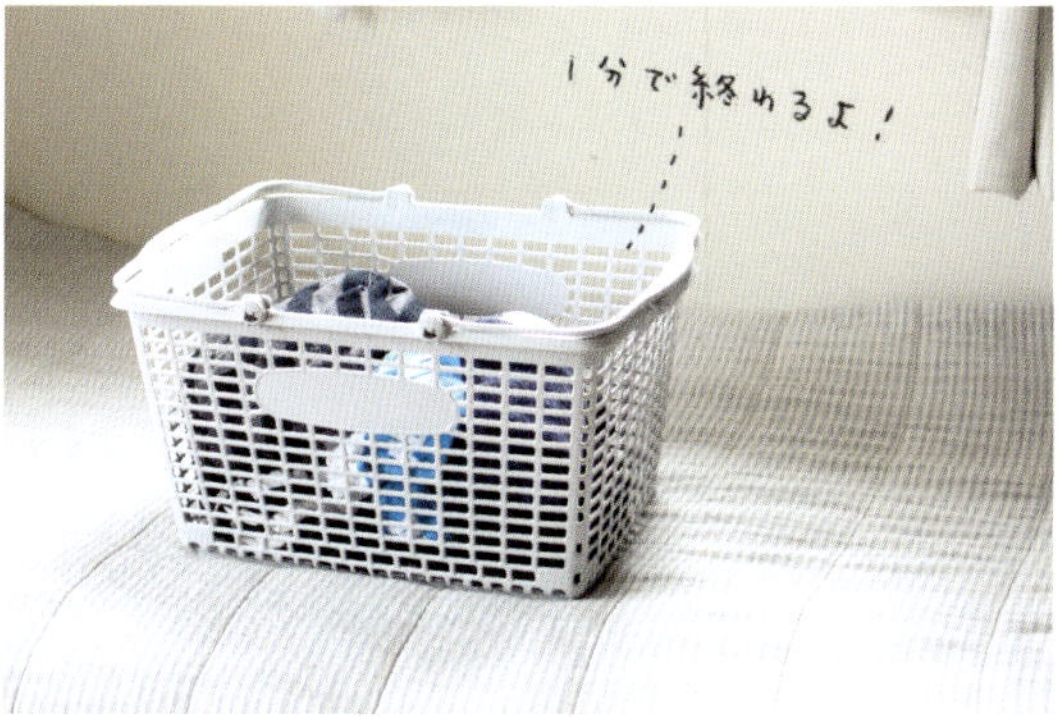

長男

自分の衣類は自分で片付けています。ゴミ出し、週1のトイレ掃除もこなす頼もしい長男です。

長女

自室の掃除、自分の衣類たたみ、買い物補助、週末に自室以外にも気づいたところを掃除、片づけ。

次男

玄関の靴をそろえたり、ゴミ出しの補助も。夕食後ダイニングテーブルも拭いてくれます。

大事なのは「効率化」だけじゃない。充実感をしっかり味わう。

忙しい時ほど、家事は「ラクにやりたい」、「時短でやりたい」と思います。けれど、効率ばかりに重きを置きすぎると、家事の持つ「楽しい」部分が隠れてしまってもったいない！このことは、家事だけではなく暮らしのさまざまなところに当てはまります。

例えば、私の趣味はウォーキングですが、ただ健康のために「20分を歩けばいい」と終わらせることばかりに意識を向けていたら、そこにある季節の花、鳥のさえずり、子どもたちが元気に遊ぶ姿などに気づくことができません。心を満たしてくれる素晴らしいものに気づかなければ、そのうち歩くことが面倒になって続けられないかもしれません。

これを家事に当てはめてみると、効率重視で食器洗いの時間の短さのみを意識するより、たとえ1分、時間が長くなったとしても、お気に入りの食器の柄を愛でながら洗ったほうが楽しい時間を過ごすことができる、ということになります。そんな小さな楽しみを、家事の中にも見出せたならと思うのです。

また、家事が面倒くさいと感じた時、私は一旦立ち止まって自分の心に確かめます。これまで面倒と思いながらもやった家事のあと、どんな気分になったっけ？　と。すると、いつだって終わったあとには清々しい達成感があり、出来上がったご飯を囲む家族の顔、キレイになったリビング、拭かれて輝いた棚板といった、「やってよかった！」と感じたことが思い出されるのです。面倒くさいと感じた時は、その陰に隠れた〝素晴らしさ〟がすぐ先に待っていることを、強く意識しています。

家事の中にある小さな喜びを、流すことなく満喫してみてください。「このレシピが褒められた」、「今日は掃除をがんばった」など、ノートに書き出してみるのもおすすめです。

お気に入り

家事の楽しみ、お気に入りの台ふきん

台ふきんは2～3カ月に1度の頻度で替えています。新しいものを選ぶのは楽しく、真新しいふきんをおろした時の新鮮さが好きです。お気に入りは、中川政七商店のもの。

Special Column

わが家の「ごきげん家事」の相棒たち

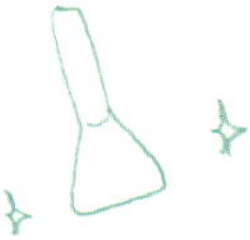

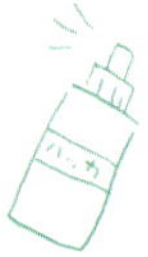

家事の動きは多彩ではありますが、毎日行っている動作には決まったものも多く、必要なものも一定化されていたりします。そこを上手に手助けしてくれる、私の家事の相棒たちをご紹介！

「あれば便利だろうな」というグッズは世の中にたくさんありますが、何でも取り入れてしまうとモノが増えて家の中がかえって不便に。だから本当に「毎日のように使うモノ」、「さまざまなシーンで活用できるモノ」、そして「使っていて楽しい、心地よい」というモノを厳選しています。

実際の家事の助けとなるだけではなく、心に花を、時間にゆとりを与えてくれる家事の相棒たちなのです。

時間が生まれる便利アイテム

忙しい毎日にゆとりを生み出してくれるアイテムたち。シンプルな佇まいだから出しっ放しでもOK。

テンポよく家事をこなせるタイマー

無印良品
ダイヤル式キッチンタイマー TD-393

ひとつひとつの家事時間を計ってみると、実は時間のかかるものはそれほどありません。まずはタイマーを動かして、自分が何に、どれだけの分数を使っているのか確認してみてください。「家事時間を知る」という以外にも、つい途中でほかのことをしてしまい、家事がはかどらないという方にもタイマーはおすすめ。「何分以内に終わらせる」と目標設定をしてタイマーを仕掛ければ、集中して、しかもゲーム感覚で家事を楽しむことができます。

ココがお気に入り!

マグネット式なので冷蔵庫に張っておけます。

モノの見える化に一役!マスキングテープ

カモ井加工紙
mt マスキングテープ
マットブラック MT01P207

パッと見ただけでは中身のわからない収納や、今何を買うべきかとわかりやすいストック管理に、マスキングテープを使ったラベリングをしています。この「見える化」がもたらす時間の節約、イライラ軽減効果はすごいもの!家族にとっても、どこに何があるかが定着しやすく、モノを探す時だけではなく戻すのも簡単。「あれどこー?」や、「ちゃんとしまいなさい!」といった会話を減らしてくれる優れものです。

ココがお気に入り!

黒のマステに白の「uni-ball」でシンプルにラベリング。

壁をフルに活用する収納アイテム

モノが床や机に置かれていないと、スペースを広々使えるうえに掃除もしやすい！

壁が収納スペースに大変身！

無印良品
壁に付けられる家具・棚・幅44cm・オーク材

わが家では、無印良品の「壁に付けられる家具・棚」を多用しています。玄関、リビング、ダイニング、寝室……などなど。棚を置いてしまうと床のスペースが取られるうえに掃除もしにくくなりますが、壁についていれば床は広々。取りやすい高さ、見やすい高さだけに置ける面を得て、アロマや時計を置いたり、雑貨を飾ったり。

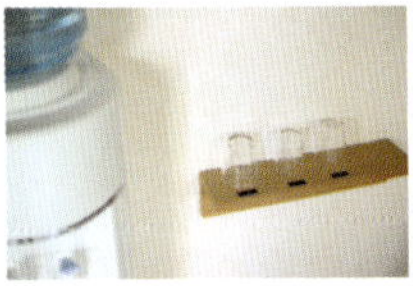

ココがお気に入り！

ウォーターサーバーの横につけてコップ置きに。

自由にカスタムできる！無印良品の文具収納

無印良品
マグネットバーなど

以前はキャリーボックスに文房具をひとまとめにして持ち運べるようにしていたのですが、少し重いし、中を拭きにくかったので改革。無印良品の「デスク用スチールL字棚（マグネット付）」を机の壁側に置き、「マグネットバー」をつけてそこに「ペンポケット」や「仕切付ポケット」をひっかけて文具収納に。位置を自由に調整できるのでとても便利です。無印良品のすごいところは、そのポケットがファイルボックスなどほかの商品にも付けられること。商品同士の互換性、汎用性が高くて感動します！

ココがお気に入り！

毎日使う文具は見せる収納で。ディフューザーはマグネットタイプのL字の棚の上に置いて。

炊飯がラクになった！ 新しい相棒

年々、選ぶモノは見た目よりも機能性。いかにラクに家事ができるか、を重視するようになりました。

山崎実業
密閉 シンク下米びつ タワー
（ホワイト、軽量カップ付き）

軽くて扱いやすい！
山崎実業の米びつ

以前お米の保管に使っていたのは、見た目の可愛さに惹かれて購入したガラスのジャーでした。ただ、フタが重くて開け閉めに気を遣いますし、全体的にも重いので傾けてかき集めるのが大変でした。もう、可愛さよりも毎日がラクな方がありがたい！とあれこれ探した結果、機能性重視の米びつを発見しました。探す時はインターネットなので、レビューやクチコミはよく見ています。そして可能な限り、実店舗で実物を見てから購入するようにしています。
この米びつは四角いのでスペースを有効に使うことができますし、シンプルなキッチンにピッタリのデザイン。なにより軽くて密閉性も高く、毎日の炊飯がとても気軽になりました。

ココがお気に入り！

付属の四角い計量カップで四隅まですくいやすく、ストレスフリー。

ずっと使いたい！お掃除スプレーたち

家じゅう、くまなくキレイになる優秀なお掃除スプレーをご紹介。

岡インターナショナル
シャウト トリガー　ステインリムーバー

シミがキレイに落ちる アメリカのシミ取り用洗剤

襟汚れなどの下洗いが面倒なので、アメリカで使っていた「シャウト」というスプレー型のシミ取り用洗剤をシュッとして洗濯機へ。塗ったりつけ置きしたりの手間もいらず、吹き付けるだけでキレイに白くなるので本当にラク！　汗、泥、食べこぼしなどどんな汚れもこれに頼っています。

ミヨシ石鹸
暮らしの重曹せっけん泡スプレー

つい最近出会いました！ どこでもコレの重曹スプレー

もう有名な洗剤ですが、私にとっては最近の出会いの「暮らしの重曹せっけん泡スプレー」。これまでのより実感として3倍は落ちがいい！　泡スプレーのよいところは、泡が汚れを吸着するのが目に見えること。泡の色が変わってくると、「うわあ落ちてるなー」と嬉しくなり、その喜びを求めてちょこちょこ掃除してしまうほど。お風呂、トイレ、ガスレンジまわりで主に使っています。安価なのがまた、たまりません。

子どもも安心して使える 手作りのハッカ油スプレー

以前は市販の洗剤を使っていましたが、カンタンに安く手作りすることを知り、今では掃除の7割はハッカ油スプレーを使用。作り方はいたってカンタン。水（わが家は浄水）にハッカ油を1～2滴入れるだけ。ハッカ水は以前使っていたおしゃれなマーチソンヒュームのボトルを再利用。

毎日の食器洗いを快適に

食器洗いにはこだわりが。少しでも楽しく、心地よく食器洗いに取り組みたいです。

レデッカー(Redecker)
柄付きキッチンブラシ

自然素材だから、出しっ放しでもナチュラルな佇まいに

なるべく泡に触らないように、柄付きのキッチンブラシで食器を洗っています。木の柄は吊るしていても可愛いし、手にフィットして握り心地もよいので何度もリピート。普通のスポンジより高いところに吊るすので、乾きやすいような気もします。

無印良品
柄つきスポンジ

色々なスポンジを挟める無印良品の柄つきスポンジ

こちらは排水溝の掃除をメインに使用しています。溝にスポッとはまるサイズがちょうどいい。柄がステンレスなので清潔を保ちやすく、何を先に挟んでもいいので普通のスポンジにしたり、メラミンにしたりと多用途で使えます。

無印良品
ウレタンフォーム　三層スポンジ

リピ買いしている無印良品の三層スポンジ

食器の下洗いやシンクに使用。泡立ちと水切れがよく、汚れが目立つ白一色なところが気に入っています。わが家はカレー率が高いので割とすぐに汚れて変えることになりますが、清潔を保つという点で考えるとちょうどいい。

時短につながる調理グッズ

器用ではないので、細かい作業をパパっと終わらせてくれるキッチングッズには助けられています。

みじん切りが
あっという間！

ケイ・アンド・エー(K&A)
ぶんぶんチョッパー

野菜の苦手な次男も、小さくみじん切りにして混ぜれば食べることができます。みじん切りは量が多いと時間がかかるので、「ぶんぶんチョッパー」を導入。電池や電気を使うことなく、紐を引くだけで数秒でみじんぎりができてしまいます。タマネギが目に染みることもなく、子どもも楽しんで調理参加。軽く、洗いやすく、管理もしやすいので、日々活躍しています。

ココが
お気に入り！

玉ねぎやにんじんのみじん切りは10回引っ張るだけで完了！

卵のカラが気持ちよく、つるんとむける！

パール金属
からむき上手

子どもたちはゆで卵が大好きで、毎日のように作ります。ただ、しんどいのが卵のカラ剥き。白身が一緒にむけてしまったり、時間がかかったりとモヤモヤの原因に。この「からむき上手」を使えば、あっという間につるんと向けてストレスフリー！　ゆでる前に、卵のおしりをちょっと押し付けるだけなんです。

ココが
お気に入り！

ゆでる前にこれで小さな穴を開けると、
むく時につるり！

スプーンの形だからマグカップに入れられる

オークス
おろし スプーン UCS6

「ジンジャーティが飲みたいな」、「そうめんにショウガを付けたいな」と思ったときに、気軽におろすことができる「おろしスプーン」。大きいすりおろし器より細かく、手軽に使えて、小さいから後始末も簡単。もちろん大きいすりおろし器でもショウガはおろせるのですが、よくあるひとつの動作に対してストレスを少しでも削ると、調理・後片づけの負担をぐんと減らせます。

ココが
お気に入り！

おろし金がスプーン型なので、そのまま
マグカップに入れて生姜紅茶が作れる。

料理、弁当作りがスムーズ！ 手放せないキッチンアイテム

キッチンでのお悩み解決に一役買ってくれる相棒たちです。

フタが保冷剤になる
お弁当箱

三好製作所
GEL-COOLシリーズ

長男のお弁当は、フタそのものが保冷材になっているお弁当箱「GEL-COOL」に入れています。フタだけ冷凍庫に一晩入れておけば、翌朝には保冷効果抜群に。朝練があるので持ち歩く時間が長く、盛夏に外置きする可能性のある長男にはぴったり。温かくなる春先から、寒くなる晩秋まで活躍します。

ココがお気に入り！

夜寝る前にフタを冷凍庫に入れるだけ！

ラップいらずの
iwakiのボウル

iwaki
耐熱ガラス ボウル、レンジカバー
※フタは別売りです

調理や余り物の管理をラップに頼っていた時は、ゴミが多くなって嫌だなあと感じていました。サラダの頻度が高いので、ボウルにラップして置いておくことも多々。ゴミのことを別にしても、不器用な私はラップをかけることが苦手。途中で切れたりヨレたり、窓が開いていると風でそよいでしまったり（笑）。Iwakiのボウルと専用のフタを導入してからは、ぱかっと一瞬でフタができてゴミも出ず、冷蔵庫に入れたり電子レンジに入れたり。ストレスフリーでエコと時短につながっています。

ココがお気に入り！

ふたを押さえて傾ければ、水切りもできて便利。レンジもOK！

調理スピード2倍に！
単語カードでひと工夫

ミドリ
単語カード
ハリネズミ柄

単語カードに、よく作る料理の分量を簡単にメモして冷蔵庫に吊るしています。つくり方を書くのは省略して、分量だけをざっくりと書いて。冷蔵庫前でサッと目を通してその場で材料・調味料を取り出せるのでとっても便利。「今日は何を作ろう」と迷ったときにも重宝します。

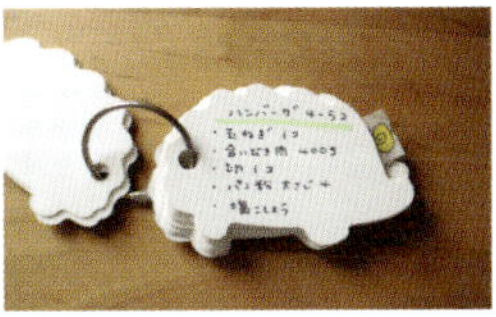

ココが
お気に入り！

ハリネズミのかわいい形のカードに、分量だけ書いて。

セリアの
浅型バスケットで
排水溝はいつも清潔

セリアで買った
浅型の排水溝バスケット

排水溝のヌメリやにおいが気になり、ラクに清潔な状態をキープするために、排水溝バスケットをセリアの浅型のモノに変えました。1つ使っているときに、1つはシンク上にぶらさげて、しっかりと乾かしてスタンバイ。

ココが
お気に入り！

排水溝バスケットは爽やかな白がお気に入り。夜は食洗機に入れて、食器と一緒に洗います。

7年ぶりに買い替えました！ わが家のフライパン

大物なので、何年も調べに調べ、憧れに憧れて、このタイミングでやってきたモノ。

和平フレイズ
レミパンプラス（ホワイト）

ちょうどいい分量！
汁物からカレーまで
これひとつで！

7年ほど使っていたフライパン、コーティングがはげてしまったので手放しました。次に選んだのが、料理愛好家の平野レミさんプロデュースで有名な「レミパン」。深さがあるので汁物やカレーも作れますし、2人分くらいなら麺もゆでられます。なにより気に入ったのが、フライパンの持ち手がマグネットになっていて金属製のフライ返しや琺瑯製のお玉がくっつくこと！　これで、お玉をカウンターに置いて汚すことがありません。またフタに噴きこぼれ防止の蒸気穴がついていること、自立するのでスペースを取らずに置けることがありがたい。

ココが
お気に入り！

持ち手がマグネットなので、ツールをのせられてとっても便利。

「おいしさ」と「健康」を両立するヘルシオ

時短調理を実現するラク家電で、毎日うれしい気持ちで料理しています。

野菜料理が
もっと楽しくなりました

シャープ
ヘルシオ
AX-CA300シリーズのブラック

「ヘルシオ」で
朝のお弁当作りも
夕飯の準備もラクに！

古い電子レンジを手放し、小型の「ヘルシオ」に買い替えました。10年近く「ほしいな～」と憧れていた調理家電。電磁波ではなく水蒸気で加熱できるということで、ずっと気になっていたのです。
今、便利に使っているのは「モーニングセット」という機能。忙しいときもいっぺんに、目玉焼きやお弁当のおかずが調理できます。また、生麺を加熱できるので、大なべにお湯を沸かす必要がなくなって大助かり！人数が多く、うどんの出番も多い我が家にとっては大きいメリットです。油いらずでからあげも美味しくできましたし、蒸し料理にも活躍。調理と後片づけのあれこれが、本当にラクになりました。

ココが
お気に入り！

スイッチオンで弁当のおかずを一気にまとめて調理してくれます！

便利なちょこっと生活雑貨

日常の家事や暮らしの中で、ちょっとした「こうだったらいいのにな」が叶えられるグッズたち。

間接照明にも懐中電灯にもなるライト

無印良品
LED懐中電灯・小
MJ-TBS62

娘が部屋で愛用している無印良品の「LED懐中電灯」は、普段は伏せて間接照明として、夜中にはトイレに行く時のお供として役立っています。停電ともなれば貴重な光源になりますし、単3電池たった1本で使えるようになっているので「いざ」の時は頼れそう。防雨形なので、屋外やキャンプなどに持っていき野外で使うのにもむいています。どこに置いても絵になるデザインも気に入っています。

ココがお気に入り!

場所を取らないコンパクトタイプが使いやすい。

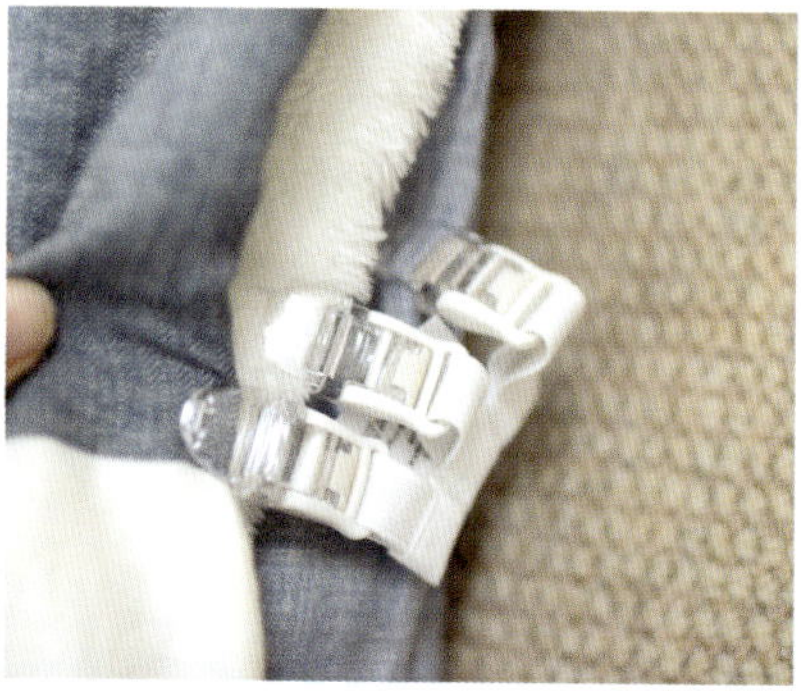

ベッドメイキングが5秒で完了するクリップ

富士パックス
お布団ズレ落ちクリップ フィット

「布団ずれ落ち防止クリップ」を見つけてから、ベッドメイキングが格段に楽になりました。とくに冬場、掛け布団の枚数が多い時などはとても便利。一枚ずつ揃え直す必要がないので、ササッと短い時間で整えることができます。寝相の悪い子どもの寝冷え防止にもよさそう。

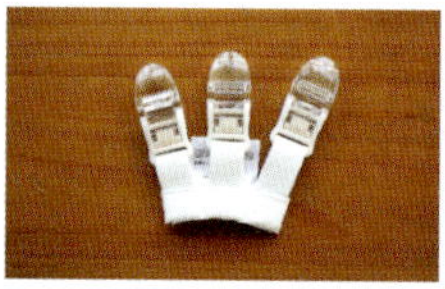

ココがお気に入り!

「敷布団とパッド」、「ベビーカーとブランケット」をとめるのにも便利です。

気持ちを上げてくれる家事の相棒

家事へ対するモチベーションや、ケアに大きく貢献してくれるグッズたち。

ハンドクリームは
家事のご褒美

イソップ（Aesop）の
ボディバーム

水仕事のあとには、イソップのクリームで手を潤しています。保湿効果が高く、ゼラニウムの香りで心が晴れやかに！　食器洗いなどをしながら、「この後、あの香りに癒されるんだ」と思うだけで気分が上がります。パッケージが可愛いので、手に取るとそれだけでも嬉しくなります。容量が大きいのでたっぷり使えます。

ボディバームなのですが、容量が多くお得なので、わが家ではハンドクリームとして愛用しています。

ココが
お気に入り！

食器洗いは
アルモニベルツ

夏はすっきり、冬はしっとり　毎日使うディフューザー

リラックスして、家事がはかどる。オフタイムの癒しにも最適です。

家中どこでも、
香りを楽しむ

無印良品
磁器超音波アロマディフューザー

ケースは
コードと精油も
わけて収納できる
優れもの！

無印良品
ポータブルアロマディフューザー
MJ-PAD1

無印良品のアロマディフューザーを、家のあちこちに移動させて焚いています。玄関では虫よけ効果も期待して雑貨屋さんで買った、ペパーミントの精油を。子どもが風邪をひいていたり、感染症が流行っているときはティートリーとユーカリ。リフレッシュしたい時にはレモンとオレンジ。リラックスしたい時にはラベンダーとフランキンセンスを。フランキンセンスは、手作りの化粧水にも数滴入れています。大好きな香りがふっと感じられると、それだけで心が明るく軽やかになります。
最近、「ポータブルアロマディフューザー」を購入してみました。小型の送風ファンが内蔵されていて、50cmほどの距離まで香りを届けてくれます。範囲が小さいので、会社のデスクや外でも自分だけ香りを楽しめるという優れもの。私は旅館の部屋の中で焚いてみましたが、リラックス度がさらに深まりました。

ココが
お気に入り！

無印のアクリルの棚にディスプレイ収納して。毎日、香りを選ぶのが楽しみです。

無印良品
超音波うるおいアロマディフューザー

Chapter 2

自然と時間が生まれる暮らしのアイディア

idea of living

日々、家事や育児に追われて、自分の時間がとれない……以前はそんな悩みを持っていました。けれど、ちょっとした工夫やふと思いついたアイディアを試してみたら、少しずつ自分の時間が増え、そのおかげで余裕を持って家事に向き合えるようになり、暮らしに好循環がうまれました。小さな工夫が、大きな変化をもたらすことを実感しています。

「1日1捨て」で時間が生まれる。

ここがPOINT

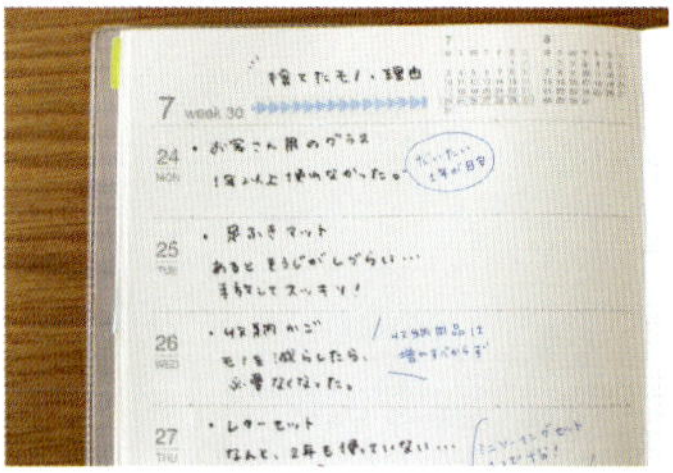

1日1つ手放すだけだから、ラクに続けられる

手放すのを習慣にするために、1日1つモノを手放して、それを手帳やノートに書いておくのがおすすめ。私は始めたばかりのときは、手帳のウィークリー欄に書いていました。

家の中にモノが溢れていて、「モノの出し入れがしにくい」、「探し物が多い」、「掃除がしにくい」、「スムーズに動けない」などの悩みがあったなら……。一番簡単な解決法はずばり、モノを減らしてみることだと思います。

モノが少なくなれば、これらの悩みは自ずとなくなるだけでなく、無駄に費やされていた時間は丸々自分のものに。ひとつひとつはちょっとした時間だったとしても、暮らし全体でまとめてみれば、大きなゆとりを感じられるほどになります。

こうしてモノを減らす習慣が身についた結果、得られたのは時間と心のゆとりでした。キッチンツールを減らしたら、調理中でもパッとほしいものが取れるように。食器を戻すときも、器が少ないので何かをどかしたり重ねたりの手間がいりません。スペースが広く空いているので、調理しやすく掃除もあっという間です。

そうじも
片づけも
ラクチン！

ただ、そんなに簡単にモノを減らせれば、苦労はありませんよね。ぎっしりモノの詰まった収納があったとしたら、心理的な壁が高すぎて〝見て見ぬふり〟に逃げてしまいがち。例え勇気を出してたくさんのモノを手放せたとしても、そのような大変な作業に度々は取り組めません。私も以前はまれにまとめてモノを減らすようにしていたのですが、しばらくすると元の木阿弥になっていました。

考えてみると、家の中には毎日毎日、モノが入ってくるのです。郵便物、書類、ネットで買ったもの、セールで買ってきた品々。モノは財布の中、カバンの中、ポストの中、子どものランドセル、宅配便などあらゆるルートからたくさん入ってくるというのに、出すのがたまにでは家の中にモノが留まるのは当然なんです。

そこで私は、毎日モノを家から出す習慣をつけようと思いました。はじめはレシート1枚でもいい。何かしらひとつでも手放すことを意識していると、そのうち「あれもいらないな」と複数捨てられる日だってあります。何かいらないモノはないかな、と家の中を見回す習慣がついてくると、これまで「いつか使うかも」、「高かったから」などの理由で捨てられなかったモノが、はっきり「いらない」とわかるようになってきます。「1日に1つでいい」と思えば心理的なハードルは低く、習慣になりやすい。それは「1日腹筋100回」は続かなくても、「1日腹筋1回」なら、苦も無く取り組めるのと同じです。

「1日1捨て」で普段から家の中のモノと向き合う習慣がついたおかげで、家が見違えるように心地よくなり、家事時間は短く、しかも楽しいものになったのでした。

1日1つなら
挫折しない。

モノを循環させる

ラクチンPOINT

靴は4足だけ！

ヘビロテしているお気に入りの靴だけを残したら、4足になりました。最近は古くなったビルケンシュトックを手放して、より歩きやすいTEVAに買い替えました。

続けたい

BOOKOFFの宅本サービスが便利！

毎月本を買うのですが、読み終えてもう読まないと思ったらBOOKOFFの「宅本」を活用して本を手放しています。本は循環させるように心がけて。

断捨離はハードルを下げるのがコツ

ラクチンPOINT

迷ったときは財布の中を断捨離

財布の中のレシートを1枚手放してみる。レシート1枚でも立派な断捨離です。小銭がたまると財布が重くなるので、なるべくレジで使うようにしています。

続けたい

子どもたちも積極的に手放しています

子どもたちもだいぶ大きくなったので、「不要になったモノは捨ててもいい」と教えています。おかげで、私があれこれ言わずとも、子ども部屋もスッキリと片づいています。

予定の「見える化」で1日をおおらかに過ごす。

予定のたくさんある日は、気持ちばかりがあせってしまいます。「すること」、「行くところ」、全部で4つもあれば気持ちは落ち着きません。ところが、よくよく予定を組み立ててみれば、そこまでギュウギュウでもなかったりします。頭で考えているだけでは、この組み立てがなかなか難しい。

そこで私は、1日の時間軸とスケジュールを紙に書き出してみています。予定を紙で「見える化」すると、意外と間にスキマがあることに気づくので

スキマ時間を利用して
自分磨きを

毎日スキマ時間を見つけてウォーキングしています。そのおかげか、去年も今年も一度も風邪をひかず、理想体重をキープしています。

す。例えば、幼稚園の送りのあと打ち合わせまで20分空いているなとか、スーパーへ行ったあと夕食準備まで10分くらい余裕があるなとか。そういったスキマ時間を見つけたら、サラッと流してしまわないように時間軸に色ペンで強調しておきます。

　こうしておくと、見るたびに「大丈夫、けっこうゆとりはある」と気持ちが落ち着きますし、何よりそのスキマ時間に「お茶しよう！」「散歩に行こう！」と自分の好きなことを入れ込むことができます。たった10分や20分でも、1日の中でその時間が取れたと取れていないとでは大違い。少しでも好きなことができた日のほうが、家族にだって優しくおおらかでいられます。

予定を「見える化」してみる

少ないから迷わない

着替えは1分。洋服選びに迷わない！

以前、モノの溢れかえった家で暮らしていた時代がありました。当時は、服が大量にあるというのに「着る服がない」と選ぶのに時間を取られていました。枚数が多すぎて、持ち服を把握しきれず、どれを選べばいいのか、何と何が合うのか、わからなかったのです。

現在、私の持ち服はオールシーズンすべて合わせて30着程度。一説には「100着以内に絞れるとよい」という話を聞くので、かなり少ないほうだとは思います。でも、それでも30着の中によく着るもの・着ないものの偏りが出るんです。たくさんあればあるほど、着ない服が増えていくことは想像に難くありません。

私の理想は、「毎日着たい」と思うほど好きな服だけあればいいということ。そして身支度が1分で済むほど服選びが簡単で、シンプルな収納であること。クローゼットの片面を開けばその季節の服をすべて見渡すことができ、お気に入りの服が棚に重なることなく平置きされている様子は服選びを楽しく、そして何よりラクにしてくれます。目に入ったものを一瞬で、直感的に手に取って着ることのできる服収納。シンプルな服が好きなので、上下何を取ってもちぐはぐになることがありません。コーディネートはとても簡単で、寝起きの頭でもパパッと選べます。時折2〜3枚通常より増えると、それだけでクローゼットの様子が変わってモヤモヤしてくるのです。

私にとってのモノの適量は、「今使う分」。いつか着るかもしれない服や、以前気に入っていた服は「今」と関係がないので手放すようにしています。

私のお気に入り

無印良品

マリメッコ

パラスパレス

毎日ささっとメイクするためにも、シンプルでラクな物量と収納が大切に。ヘアブラシ、スキンクリーム、アイブロウペンシル、リップクリーム、クリームチーク、チークブラシが基本のセット。きちんとメイクの時はマスカラやビューラー、アイライナーも使用しています。

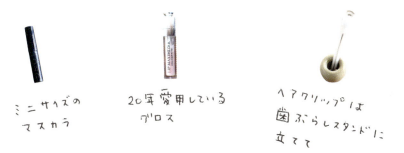

ミニサイズの
マスカラ

20年愛用している
グロス

ヘアクリップは
歯ブラシスタンドに
立てて

気分を変えて、日々の家事を軽やかに。

キッチンでは水切りカゴの代わりにキッチンクロスを使っています。このクロスを、季節や気分によって変えるのがお楽しみ。春になったら明るい黄色の花柄にしたり、夏が来たら爽やかな水色にしたり。パッとキッチンに華やぎが出て、気持ちまで明るくなるようです。そんなわけで、極力モノを減らしているにしては、クロスの数は多いほう。

リビングでも、マリメッコなどお気に入りのクロスをカーテン代わりに使っています。季節ごとに色柄を変えれば、四季折々の風合いを部屋にもたらしてくれます。模様替えとなると大ごとですが、クロスを変えるだけなら手軽で簡単。しかも、その変化は絶大で、部屋の印象を大きく変えることができます。「布を変える」というこんなにもシンプルなことで、新鮮な気持ちで自分の家を見ることができ、その空間をより好きになり、きれいに保ちたいと思うモチベーションにもつながります。

小さな変化を

毎日のノートタイムは
ペンの色を変えて楽しく

気分を変えるちょっとしたことと言えば、最近手帳の書き込みにもちょっとした変化をつけました。赤・青・黒の色分けから、ピンク（仕事）と黄緑（その他）に。夏は水色とオレンジにしてみようかな、など新しい楽しみを見つけてわくわくしています。雑事にも楽しくあたれそう。

家事のモチベーションUP

キッチンクロスは
リネン100％にこだわって

リネンは吸水性がいい上、汚れにくく、丈夫で長持ち。耐久性はコットンの2倍もあるそうです。わが家の春夏の寝具はほとんどがリネン素材のモノです。

小さな「便利」を積み重ねて、自宅を心地よい空間に。

日々の暮らしの中で、「もう少しこうだったら便利なのに……」ということって、あると思います。そういうときは、「○○だったらいいのに」を素通りしないで、手帳やノートなどに書いておくと、改善策や良いアイデアがふと浮かんできたりします。生活改善は、こういう小さな「便利」の積み重ねだと思うのです。

毎日使うマキタの掃除機の充電器をついつい出しっぱなしにしてしまうのですが、それは、「充電器の収納場所がマキタの掃除機から離れた場所にあるから」。この不便さが、出しっ放しの原因でした。たまたま長女が使っていたバスケットが不要になり、それがリビングの棚の上にポンと置いてあったのですが、すぐに「これだ！」と思いつき、中に収納してみることに。充電中も、バスケットに入っているだけでなんだかちょっとかわいらしい感じ。予想した以上に見た目も心もスッキリ。リビングは毎日目にする場所なので、「いいかも」と思うようになると、掃除や手入れもますます楽しくなりました。

他にも、ドアノブを付け替えてみたり、クッションカバーを替えてみたり、ほんの小さなことでも手をかけた分だけ、部屋を好きになっていきます。「大好きな家を大切にしたい」という思いで、掃除や片づけに、より、やりがいが出てくる気がします。

そこにいると気分がよくて、うれしくて、充電ができるような場所をパワースポットと呼ぶのだとすれば、自宅がそんな場所になったなら

スッキリPOINT

毎日使うものはすぐ手に取れる場所に

掃除機の充電器を、100均のナチュラルなカゴに入れてみたら見せる収納が可能になりました。無機質な充電器も、ちょっぴりかわいらしく見えます。

スッキリPOINT

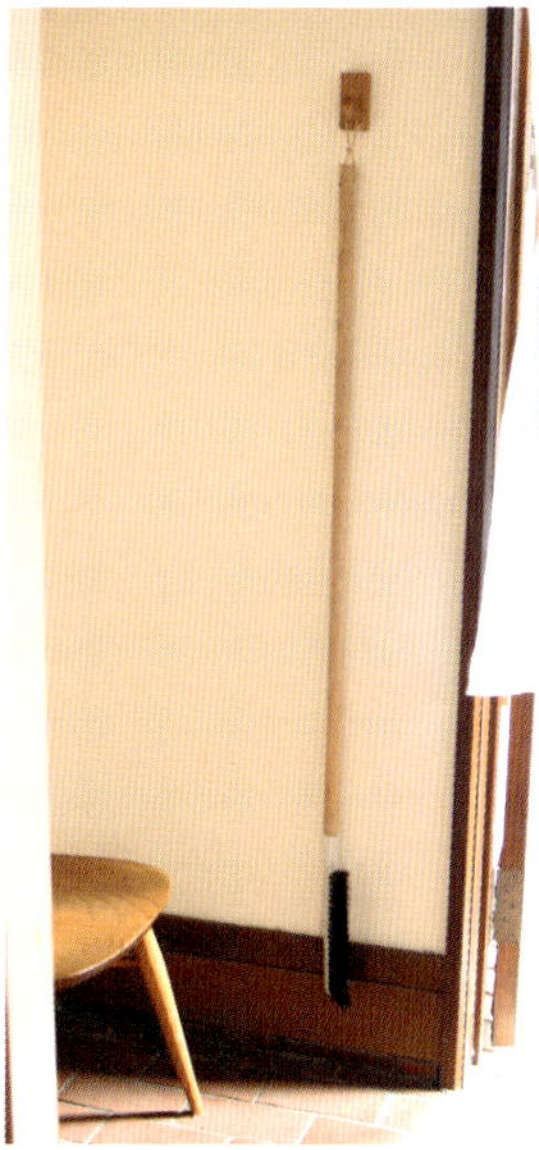

玄関のほうきはフックにかけて

以前はたたきの上に置きっぱなしでモヤモヤしていたほうき。無印のフックを取りつけてそこに引っ掛けたら玄関がスッキリしました！

素敵なことです。家族みんなが帰りたくなる、幸せに過ごせる空間を作りを続けていきたいと思います。

家が変わると、
時間の流れも変わる。

予定には、「ちょっとしたお楽しみ」を仕込んでおく。

家事や仕事の合間には、ちょっとしたお楽しみを入れるようにしています。「掃除機がけが済んだら、アロマを焚こう」、「洗濯物を干し終わったら、お茶を淹れてあのスイーツを食べよう」などなど。

そんなちょっとしたご褒美が、その前の家事時間をワクワクと楽しいものにしてくれます。ごほうびにつられて明るくなった心で、家しごとに取り組める。取り掛かるまでに時間がかかるよりもずっと効率的に動けますし、小さな幸せの積み重ねこそが幸せ、と思います。

同じように、予定を立てるのが面倒に思えるときは、「ちょっとしたお楽しみ」から考えるようにしています。小さな幸せをもう少しグレードアップさせると、1カ月に1度はドライブや動物園へ行きたいなとか、岩盤浴や日帰り小旅行をしたいな、というお楽しみになります。なんとなくでも予定していると、毎日の暮らしに元気を与えてくれます。さらにもう一歩大きく「沖縄に行こう！」ともなれば、半年前から予定を組んで、その日までずっとウキウキ楽しい気持ちに！

面倒だな、疲れたなという負の感情が湧いた時には、その先に置いたお楽しみを意識する。それだけでフワーッと身も心も軽くなり、気分が上がります。日々なるべく機嫌よくいたいと思うとき、〝お楽しみ〟の効用はとても大きいと思うのです。

小旅行の荷物は
これだけ

楽しみをふくらませる

旅先に持っていく洋服は
イラスト化すると準備がより楽しく

旅先に着ていく洋服を簡単なイラストにすると、パッキングがスムーズだし、おしゃれもグンと楽しくなります。毎年、春に沖縄に行くのですが、何ヶ月も前からコーディネートを考えています（笑）。

家事のあとの
ほっこりティータイム

無印良品のタイマーは私も子どもたちもフルに活用しています。操作がラクで文字も見やすく便利です。

おすすめ！30分の「ポモドーロ」時間術。

洗濯物を畳んだり、一気に部屋を片づけたり……面倒だったり、長い時間がかかったりする家事ほど、「時間で区切る」と、びっくりするほど集中して取り組めることが多いんです。

「ポモドーロ」という時間術があります。25分仕事をして5分休むことで、集中力を持続させて生産性を上げるというもの。私の場合、20分程度が集中力の限界なので、だいたい20分労働＋5分休憩という感じでしょうか。また、忙しいときほど、時折挟む5分の安らぎが家事や仕事の力となり、一日を充実させてくれます。

本家のポモドーロではタイマーを使ってきっちり時間管理をすべしとありますが、私は時にスマホのパズルゲームを1面だけやってみたり、ふらっとコンビニへ散歩に行ったり、要するに5分で終わらない休憩であることも多々。あんまりカッチリ予定やルールを決めてその通りにするということが好きではないので、自分流でゆるく取り入れています。

前項の「お楽しみ予定を組む」に通じるものがありますが、〝だいたい〟5分でお茶をしたり、かける音楽を選んだり。「あとちょっとで休憩できる！」と思うと、不思議と、休憩までにササッと家事を終らせることができます。

ちなみに、この5分の休憩時間にほかの仕事をしたり、メールやSNSなどを見てしまうときちんと休憩できないので、できればリフレッシュに専念して。ゆるいポモドーロ家事。毎日実践しています。

家事も仕事も
メリハリをつけて。

家計簿は、やめました。

結婚してからしばらくは、「主婦たるもの家計簿をつけなくては！」と思い込み、がんばってつけていました。けれどこれが、時間もかかるし、気も重くなる！　少しさぼればレシートが溜まり、罪悪感。出費ばかりに気を取られて「もっと削れるのでは」と、さらに罪悪感を感じていました。そこである時、思い切って家計簿を手放してみました。

結果、家計簿をやめたからといって、突然浪費しはじめるということはありませんでした。家計簿に関するあらゆるストレスから解放され、得たのは時間と心のゆとりです。

お金の管理は、だいたい固定された額を毎週ＡＴＭから引き出し、その中でやりくり。カードではなく現金を使うことで、なんとなくでも、どれだけ使ったのかが直感的にわかります。ポイントは、引き出した額以上の金額は絶対使わないこと。これを守るだけで、自然と1週間単位でお金のバランスが整います。

そしてお金を使ったときには、「出費してしまった」と負の感情を持つのではなく、そのお金で「こんなにおいしいものが食べられた」、「こんなにいい経験ができた」とうれしい気持ちで使うように心がけています。前向きな気持ちで買い物ができるようになり、家計簿をつける時間がなくなったことで、毎日に余裕ができました。

もちろん、家計簿をつけるのがストレスではなく、メリットが大きい人はそのままで。これからも、自分にとって不要な作業はどんどん手放していきたいです。

思い切って家計簿を手放したら、ストレスがなくなり、家計簿に当てていた時間が自分の好きなことをする時間に変わりました。

大好き！　無印良品

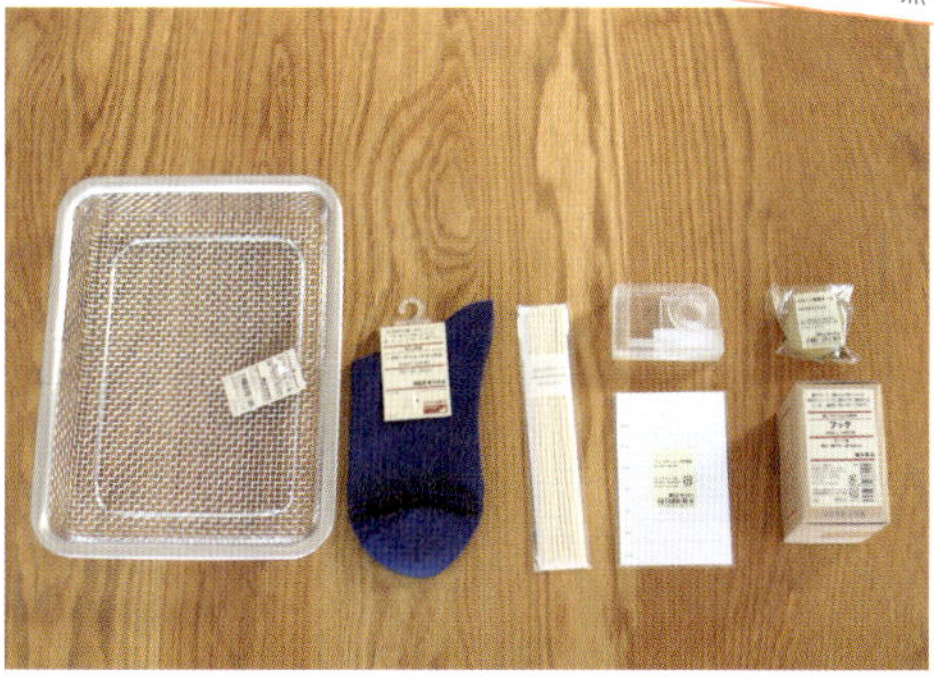

ポジティブに買い物を楽しむ

家計簿をやめてからは、気持ちに余裕が生まれ、お金を使うたびに、「シンプルで良いアイテムを手に入れられた」、「お気に入りの洋服が見つかった」というポジティブな気持ちを感じられるようになりました。

全部自分でやらない！便利なサービスを活用する。

忙しくて時間がないときには、無理せず、買い物や家事を便利なネットサービスなどにお任せするのもオススメです。子どもが学校で使う文房具や道具類は、最近は、だいたいインターネットで購入しています。店頭で買うこともちろんあるのですが、例えば種類の豊富な「2Bの鉛筆」ならまだしも「6Bの〝子どもが好きな〟鉛筆」ともなると、圧倒的にネットが有利。一緒にパソコンを覗きながら買う時間も、ひとつの楽しみになっています。先日買うことになった「朝顔を育てるための鉢」なんて、支柱が刺せたり、じょうろ代わりのペットボトルを立てられたりと、多くの機能が必要で、いったいどこに行けば売っているのかすら、検討がつきませんでした。そんなとき、インターネットならあっという間に探せて、どれだけ時間の節約になっているか！　ぶじに子どものお気に入りのモノを見つけることができました。

そして、片づけや断捨離の助けとなってくれるネットサービスもあります。私がよく利用するのは「ゾゾタウン」の古着買取や、「ブックオフ」の宅配買取。ネットで申し込みをすれば、ゾゾタウンはモノを詰めるための箱まで用意してくれますし、ブックオフも集荷日を指定すれば取りに来てくれるので家から出る必要がありません。私はいつも、ネットショッピングでダンボールが来ると、そこにそのまま手放す本を入れて買取を申し込んでしまいます。ダンボールをつぶす手間がいりませんし、宅配買取は10冊からなので、家じゅうの不要な本をかき集めてモノを減らすきっかけとなってくれます。

ネットで購入した方が安いモノは、オンラインで注文。
家事の合間を利用して。

家事の合間に
必要なモノを
パッとスマホで注文

Amazonが、やっぱり安い、早い！

やっぱり便利

時間の節約

日用品や学用品などはまとめてAmazonで注文

Amazonで買い物をすることが多いです。プライム会員になっているので、朝注文したモノがその日のうちに届くことも。
仕事が忙しくて買い物にいけないときは、本当に便利です。

chapter

3

時間と上手に付き合う しあわせな考え方

人生は有限だから、自分が心地のよいことになるべく多く時間を費やしたい。そして、家族の時間を尊重して慈しみたい。そんなことを思いながら、毎日を大切に暮らしています。

happy lifestyle

忙しさが楽しさに変わる、魔法の朝ノート。

もう17年間、ノートを書くのが日課です。朝起きたらまず紅茶を淹れてノートを開き、その日の「予定」、「どんな1日にしたいか」、「今どんなことを思っているか」などを書き込みます。このたった5分の習慣を始めてから、私の人生は驚くほど好転しました。

書き出すことで、自分が何をしたいのか、何を目指しているのかがはっきりとしてきて、その夢や目標に向かったアクションを自然と取れるようになっていったのです。本を出版したいという夢がかなったのも、ノートがそのきっかけを作ってくれたような気がします。

日常のことでも、ノートがもたらしてくれたのはいいことばかり。家事、育児、仕事、プライベートと毎日やることはたくさんあります。だからこそ、頭の中でだけで把握してスムーズに動くのは難しいこと。ノートにスケジュールや約束事、家事の段取りを書き留めておけば、頭の中からは全体が抜けようとも、目の前のことだけを集中して考えることができるのです。これがないと、「次は何をするんだっけ」、「いやそれよりも、こっちを先か」と頭の中をさまよう時間が生じてしまってムダが出ます。

ノートを始めてからは、普段の家事や仕事が思うように回り始めました。その結果、心と時間に余裕が生まれ、家族との時間や自分の好きな時間を増やすことができたのです。

毎日が充実する
私の手帳

2色のペンを使って、手帳のウィークリー欄にスケジュールなどをざっくり書いて。
スキマ時間、達成できたこと、もう少しがんばりたいことなどが明確になります。

こだわりPOINT

月初めに、スケジュール帳にザックリと予定を書き入れる

子どものお便りや仕事のスケジュールを見ながら、スケジュール帳の月間ページに予定を書き入れます。かわいいふせんなどを使って、パッと開いたときワクワクするようなページにして。

無印良品のふせんは優れもの！

シンプルでかつ様々な種類のある無印良品のふせん。長いチェックリストふせん、大小のふせん、四角いふせんなどを活用して、ワードローブを管理したり、食器の数を把握したり、ピンときたアイデアを書いて手帳に貼ったりしています。

毎日がスムーズにまわる優先順位の立てかた

ノート上でスケジュールを立てるとき、あらかじめ「すること」の優先順位をつけておくと大切なことを飛ばさずに済みます。私は以前、大切なのは何より「するべきこと」と、一番優先させて予定を組んでいました。けれどそれでは、1日にあまり充実を感じられません。そこで、「したいこと」や「好きなこと」からはじめてみることに。すると、不思議と、その後にやる「絶対にやらなければいけないこと」もスムーズに取り掛かれるように。左ページの優先順位を参考に、やりたいことから手を動かしはじめてみるのもおすすめです。

Check!

PRIORITY

＼ 今すぐ試したい！ ／

暮らしがスムーズにまわる 優先順位

1

したいこと、好きなこと、気がのること。

カフェに行く、引き出しを片づける、友だちに電話をする、連休の計画を立てるなど。

2

絶対にやらなければいけないこと。

期日のある振り込み、学校の行事手伝い、原稿書き、仕事のメールの返信など。

3

するべきこと。

家事全般、洗車、検索・調べもの、日々の雑用など。

ときめくことに時間を使えば、毎日がうまく回りだす。

こだわりPOINT

母と一緒に、大好きなモノづくりを楽しんでいます

2ヶ月に1度母が横浜に来て、一緒にモノ作りを楽しんでいます。私がデザイン、素材選びを担当し、母が編んだり縫ったり。親子ふたりで、好きなことに没頭しています。

予定を立てるときは、自分がやりたいことからやる、と決めています。「好きなこと、やりたいこと、ワクワクすること、気が乗ること」は平日でも優先的にやっています。密かに、これを「魔法の優先順位」と呼んでいます。そうすることで、なぜか家事や仕事など、他のこともぐーんとはかどるんです。

長男の小学校の卒業式のとき、「中学校は楽しみ？」と聞くと、「よくわからない。それより、明後日からの春休みが楽しみ！」とのこと。未来のことは考えない長男。色々考えるのは面倒くさいそうで、直感的に、「今が大事」、「いつも今しかない」、「今の連続が未来」とわかっているんだなと思いました。長男はストレスゼロで、いつもマイペース。「子どもの思考に学ぶこと、たくさんあるなぁ」と思った瞬間でした。本来ならば、大人だってそうあるべきだと思うのです。

大人には用事が多くて、子どものように自

由な時間が持てるわけではありません。それでも、つい後回しにしてしまいがちな「自分の好きなこと」、「ときめくこと」は人生の軸であり、大切にしたいもの。私にとってそれは、ウォーキングをしたり、自然の中に身を置いたりすること。だから毎日、ほんの少しでも、そんな時間を割くようにしています。花を眺めたり、公園に寄ったり……そんな小さな選択が、大きな変化につながるように思います。

ちょっとだけ朝早起きして、ウォーキングついでに買い物を済ますのが好きです。億劫に感じる家事も、大好きなウォーキングの後なら、スムーズに終わるから不思議です。忙しい毎日に隠れている楽しいことを見出せたなら、あとは完璧。〝暮らしがうまく回る〟だけではなく、〝楽しい時間を過ごす〟ちいさな秘訣です。

家が自然と片づく、いいことが舞い込む。毎週金曜は「お花の日」。

週に一度、金曜日に花を飾ることが日課になりました。うれしいことに、花を飾ると「よし部屋を片づけよう！」という気持ちになるのです。花はまさに、「家事やる気アップ薬」のようなもの。テーブルに花を飾るだけで、ダイニングルームがパッと華やぎます。一番安くて、モノが増えなくて、かつカンタンに部屋の雰囲気を変える方法は、「花を飾ること」だと思います。

小さなブーケは、300円ちょっとあれば買えるのはうれしいところ。特に週末は家で過ごす時間が長いので、部屋に一輪でも花があれば、心に余裕ができたり、疲れているときなどは気分をリフレッシュしてくれたりと、値段の100倍以上の価値はあると感じています。モノはあまり持たない私ですが、雑貨を飾るかわりにお花を飾るようになってから、必要以上にモノも増えず、うれしいことばかり。眺めているだけでこんなにいい気分になれるのだから、運気もアップしそうです。花の日は、自分へお花をプレゼントしていたわって癒す、大切な時間でもあるんです。

お花のいいところは、季節の美しさを家の中にも取り入れられること。そして飾れる期限があるので、毎週買ってもモノの量が増えるということがありません。花瓶がなくても、グラスや空き瓶で十分。お気に入りのうつわを花器がわりにするのも、季節感が出て楽しいです。

山形の自然の中で育ってきた私にとって、いつもの景色に自然のモノがあるとホッとします。

最近はお花の活け方も上達して、ブーケではなく自分でお花を一本一本ていねいに選んでいます。お花屋さんとのコミュニケーションも楽しみのひとつ。

部屋の一角に花があるだけで、そのまわりは自然と片づき、空気はふわりと柔らかなものに。癒しだけではなく、部屋をキレイにしてくれる魔法も持っているんですよね。

子どもたちにも花に親しむ生活を

時折、子どもたちと一緒に花屋へ出向き、一緒にお花を選ぶことがあります。ブーケを選ぶのもよし、一輪ずつじっくりと選ぶのもよし。こんなひと時が、とても好きです。シンプルに楽しいですし、子どもたちに花や自然の美しさを知ってほしい、興味をもってほしいという思いもあります。世間には「花育」という、「子どもたちに緑に親しんでもらい、優しさや美しさを感じる気持ちをはぐくむ」活動があるそうです。お花の美しさ、可憐さを愛で、その時間を楽しむこと、お花のある空間の心地よさを感じることを、子どもたちにも知っていてほしいと思っています。

子どもたちはよく公園で
花を摘んできてくれます

**子どもたちも
お花が大好き！**

天気のいい日は、長女と次男は公園で遊ぶのですが、よく公園に咲く野花を摘んできてくれます。野花はとても可憐で、お店で買う花とはまた違う魅力があります。

自分らしく花を楽しむ

季節ごとのFlower Friday

飾り方 あれこれ

クリスマスのときは松ぼっくりとケイトウで季節感を。季節の行事にあわせてアレンジすると、手軽なインテリアになります。

お花に迷ったときはちいさなブーケを選べば間違いなし。ブーケの包み紙がかわいくて、そのままブーケごと飾ることも。

春から初夏にかけては、ブルーベリーやスグリの切り枝をよく飾ります。コロンとした小さな実はとてもかわいらしく、テーブルの上に落ちているのを見つけるとほっこり。

ドウダンツツジは、毎日水をとりかえなくても一ヶ月以上持ってくれるオススメの枝もの。お部屋を涼し気な雰囲気にしてくれます。

長持ちするスワッグやドライフラワーを飾ることも。ドライフラワーは自然に乾燥させてカンタンに作れます。キッチンやリビングに飾って、家事の合間に眺めています。

お花一本一本を主役にしたいときは、青山フラワーマーケットで購入した5連の花瓶を使います。小ぶりな花でも際立って、うつくしく見えます。

予定は「7割ぐらい」で作業効率は2倍に。

スケジュール帳やふせんにざっくりとした予定を書いてはいますが、すごくきっちり余裕なく決めておくのは苦手です。予定は7割くらい埋めたら、あとは空白にしておくのがコツ。絶対にやることだけ、おおまかにリストアップしておいて、まずは自分がやりたいこと→やるべきこと→合間でやること、の順番にこなしています。こうして、やりたいことをひとつだけでも始めにやることによって、その日のやるべきこと（家事や仕事）の速度が、アップします。

残り3割のスキマ時間では予定だけに縛ら

れず、「今ニュースを見たい」、「今お茶にしよう」、「今散歩に出たい」と思えば、その直感やひらめきを優先します。すると、思わぬ出会いがあったり、欲しかった情報やアイディアの収穫があったりと、いいことが起きる頻度がアップするのはうれしいもの。

この直感が鍛えられたのは、モノを減らす過程で自分に必要なモノは何かが定まってきたり、モノやコトを選別する判断力がついたおかげだと思います。自分の気分や直感にも耳を傾けて動くことのできる「ゆとり」と「あそび」を、一日の中に持たせるようにしています。

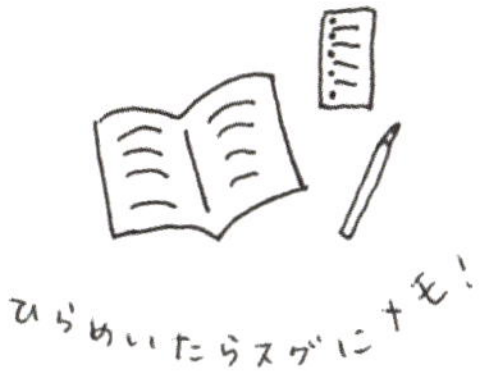

ここがPOINT

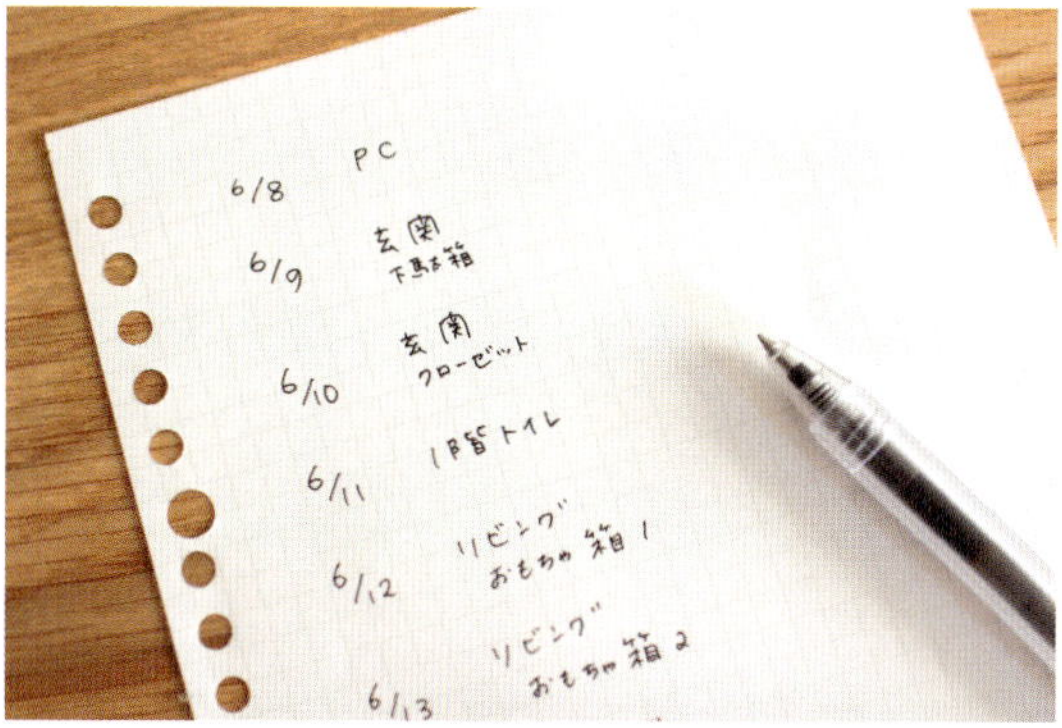

年に何度か「モノ手放し週間」を設定する

今年は6月の頭から夏至までの間に、見直す場所を決めて断捨離しました。子どものモノはどうしても増えがちなので、定期的にモノを見直す時期を設けるのがおすすめ。

時間とお金が貯まる。モノよりも「体験」にお金を使う。

モノにお金をかけるのも素敵だけれど、モノを手放してシンプルに暮らしはじめたことで、望みや好きなことにも小さな変化が現れました。最近の私は、「これが欲しい」よりも「これがやりたい！」が多かったので、大切なお金を「体験」に費やすことが多くなったように思います。買い物はほどほどに、外出先の雰囲気をじっくりと味わいながら、ゆっくりノートに色々綴ったり、子どもたちの楽しむ姿をにこにこしながら眺めたり。おかげで、しばらくなんとなくモヤモヤしていたとあることが、穏やか

わが家のこだわり

子どもと一緒に自然を慈しむ

年に2度実家の山形に里帰りするのですが、湧き水をくみにいったり、おじいちゃんの畑で野菜を収穫したり、自然に触れ合う時間を持つようにしています。

に解決しました。

モノは溜まれば暮らしを圧迫しますが、経験は人生の糧にしかなりません。子どもはあっという間に大きくなって、一緒に遊べる時間も少なくなってしまうから、今のうちにいろんな所に出かけたいと思います。海、山、沖縄、山形、温泉、テーマパーク。子ども用のモノや洋服は、買ってもいつしか使わなくなってしまいますが、思い出はずっと残ります。暮らしは身軽に、大切な時間を貯めていくような暮らし方をしたいものです。

そして、お金を使った時には、「減ってしまったな」とマイナスに捉えないようにしています。それよりも、得られた素敵な体験や時間に注目して、思い切り味わいたいものです。貯金は大切ですが、人生を幸せなものにしてくれることや時間には、喜んでお金を使いたいと思います。逆に言うと、幸せにしてくれるという理由以外——例えば「安いから」、「なんとなく」などの理由でお金を使うのは、絶対に避けようと思っています。

これは私の実感ですが、しっかりと味わった時間やお金は、ちゃんと循環して自分の一部になってくる気がします。何かを外に出さなければ、新しいものが入ってこない。モノもコトもお金も、循環して流れていることが大切だと感じています。

時間が増えて、心の余裕が生まれる「行動の断捨離」。

モヤモヤ・イライラしているときや、感情を上手に切り替えられないとき。普段よりも「モヤモヤしやすい時期」ってあるような気がしますね。生理前だったり、季節の変わり目だったり、体調がすぐれないときなど、普段全く気にならないことが、妙に気になったり、不安になったり、イライラしたり。

そんな時間は、なんだか家事も億劫で、物ごとがうまくはかどらないもの。貴重な時間を大切に使うために、「やらないこと」を決めて、「行動の断捨離」がオススメです。時間がうまれたり、心身ともに健康になったりと、すべてにいい影響を与えてくれます。いつも思っていますが、「気にしない効果」というのは本当にすごいです。嫌な気分にフォーカスしない、スポットライトを当てない、広げない、分析しない、大げさにしない。力を与えなければ、消えていきます。その逆に、楽しいこと、うれしいこと、ラッキーなことに焦点を当てれば、どんどん拡大していきます。

だから、私は「やらないことリスト」と題してノートに書いて、定期的にアップデートしています。

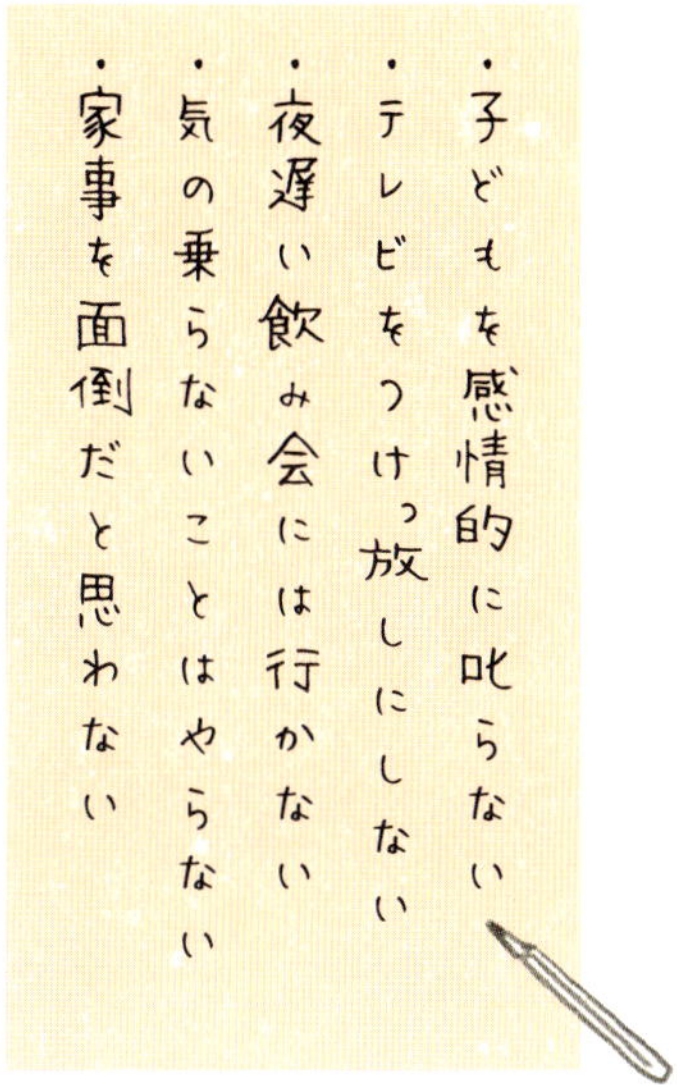
・子どもを感情的に叱らない
・テレビをつけっ放しにしない
・夜遅い飲み会には行かない
・気の乗らないことはやらない
・家事を面倒だと思わない

などなど。「こんなふうに暮らしたい」ということを明確にして、それを邪魔することを、○○しないという書き方でリストアップするだけ。生活を自分が望むものに変えるために、どうぞ、明日からはその時間を手放してください。

また、そんなときは、禅でも言われていますが、「まずは場を整えること」。そうすることで、気持ちも不思議と整います。部屋が雑然としていた頃は、悩みごとが生じると、長い時間モヤモヤに気を取られてしまっていました。モノを減らし始めてからようやく、様々な負担が減って思考が整い、モヤモヤを手放せるようになったのです。

最近は、「頭を切り替えたいな」という時に指をパチンと鳴らしたりします。鼻ちょうちんがパチンと割れて目を覚ますような感覚で、心に生じた「モヤッ」を弾き飛ばします。ついモヤモヤに沈みがちだという方は、切り替えスイッチのようなアクションがひとつあるといいかもしれません。深呼吸でもいいですし、「もう終わり！」と呟くのでもOK。散歩をしたり、ボーッとお茶したりと5分くらいで終わる簡単なもので大丈夫です。掃除やモノの手放しなど、ぜひスッキリ切り替えやすくなる方法を見つけてください。

時間も暮らしも
変化するもの。

子どもの成長につれ、環境の変化につれ、暮らしの在り方はどんどん変化をしていきます。大人になってから急な変化があると、心も体もなかなかついていきづらいもの。でも、実は生きている以上、変化しないほうが不自然。自然界にあるどんなものでも、変化していくのは当たり前です。そう思うと、以前と同じようなカタチを維持できないことがあっても、残念に思う必要はないなあと思うのです。

　長男が中学校に入り、朝練が始まり休日はお友だちと過ごし、次男も小学校に入り幼稚園の送り迎えがなくなり、これまでとは違う家族の時間が流れ始めました。さみしいなと思うこともあるけれど、それならば次はみんなでどこへ行こう？と楽しい方へ意識を向けたい。

　子どもが生まれて夜型から朝型になった時も、「自分は夜型、朝は苦手」というのが先入観だったと気づきました。朝型に変えてみれば、その方が暮らしがスムーズになったことは目から鱗！いつも柔軟に、まずはやってみることだと実感です。

　また、家族の内面的な変化にも柔軟に対応したいと思う今日この頃。環境とともに、成長とともに、子どもの内面に変化が出るのは当然のことです。

　例えば、長男が3年間続けてきた習い事のテニスを辞めたいと言い出した時。継続心を育てるべきか、自主性を尊重すべきかは悩むところですが、やはり私にとっては無理をせず自分自身が思うほうへというのが正解。テニスはやめても、陸上部に入って日々がんばっているようです。大人にとっては〝たった〟3年でも、子どもにとってはとても長い時間だと思います。自分の価値観を家族に押し付けないということを大切にしながら、家族との時間を慈しんで過ごしていきたいと思っています。

おわりに

1日24時間、というのはみんな同じ。
日々家事をこなさなくてはいけなくても、
ちいさな子どもがいても、
仕事の締め切り日がせまっているようなときでも、
常に、「自分の心地よさ」を軸にする。
すると、まったく新しい軽やかな時間が流れ出します。

自分にむち打って家事をがんばりすぎるクセ。
自分を後回しにして家族ばかりを優先させる。
自分が苦しくなるような思い込みや捉え方を
軽やかに手放せば、
確実に、以前とは違う心地よく豊かな時間が
流れ始めることに気がつくはず。

本書が発売になる頃には、
夫は単身赴任でアメリカに渡っています。
数年の間、3人の子どもを抱えて
ワンオペ育児をすることになりますが、

夫がいてもいなくても、
私のゆとりのある暮らしは変わりません。
自分らしく時間を整え、
家事をひとつひとつ味わい、
大切な日々を過ごしていきたいと思います。

みしぇる

毎日すっきり暮らすための
わたしの家事時間

2018年8月3日　初版第1刷発行
2018年8月31日　　　　第2刷発行

著者
みしぇる

発行者
澤井聖一

発行所
株式会社エクスナレッジ
〒106-0032　東京都港区六本木7-2-26
http://www.xknowledge.co.jp/

問合せ先
［編集］　Tel03-3403-6796　Fax03-3403-1345 ／ info@xknowledge.co.jp
［販売］　Tel03-3403-1321　Fax03-3403-1829